# 私とクルーズ

## —半世紀を振り返って—

木島 榮子 著

KAIBUNDO

# はじめに

２０１８年の秋、当時、「日本海事新聞」の記者だった沖田一弘さんから「木島さんのクルーズ業界における経験を連載記事として書いてみてはどうか」と打診を受けました。うれしい提案ではありましたが躊躇していたところ、その年の12月になって日本海事新聞社社長（当時、現会長）の大山高明氏と元郵船クルーズ社長の松平誠氏、沖田さんの４人で食事をすることになりました。その際、大山社長から「記録を残すことは大切だから、ぜひ執筆を」とすすめられ、決心した次第です。

いざ書き始めると、海外旅行会社から出発してクルーズ業界に至る50年の歴史は、私自身を振り返るのに大変良い機会となりました。この機会を与えて下さったご両人に深く感謝いたします。また、沖田さんより海事関係の出版社として歴史ある海文堂出版をご紹介頂きこのたび書籍化の運びとなりました。

クルーズが本当にニッチな旅行商品であり、限られた人々しか楽しまなかった時代から、30年前に邦船が誕生し、７年前には外国客船が日本発着クルーズを運航するような時代になるまでクルーズに関わることができたのは、振り返るとクルーズに参加されたお客様が心底クルーズを楽しんでくださったからでした。クルーズほど満足度が高く、クレームの少ない、また、リピート率の高い旅行商品はないと言っても過言ではないと思います。クルーズほど楽しく、体力的にも楽でオールインクルーシブ、しかもコストパフォーマンスにとんだ旅行商品はない——とお経のように唱えながら、クルーズ市場の拡大に努めてきました。２０１３年のプリンセス・クルーズの日本発着クルーズ開始により、ようやくクルーズが身近なレジャーとして市場に受け入れられ、日本のクルーズ市場も50万人台が見えてきたその矢先に、新型コロナウイルス（COVID-19）の発生です。残念ながら「3密」回避の時代にクルーズ船はすっかり敬遠され、クルーズ市場は大打撃を受けることになりました。

シニア層のお客様が中心であったクルーズが、新型コロナに感染する割合はシニア層が高いという理由で逆に敬遠されるようになってしまったのです。リピーターの皆さんはその楽しみを知っているので、「時機がきたらまた乗りたい」とおっしゃっていますが、残念ながら未経験者にとっては逆にハードルが高くなってしまいました。

新型コロナの感染を警戒して世界中で寄港制限する港が多く、客船会社はクルーズの運航中止を余儀なくされていますが、各社では船内の空調施設の改善、ソーシャル・ディスタンスを考慮したパブリックエリアやレストランの使用方法改善、寄港地での検疫検査の充実など、新型コロナ対策に万全を期しています。残念ながらクルーズ先進国の欧米でも、クルーズ市場が戻るのは２０２１年夏から２０２２年になるのでは――と言われています。私たちも、その間に何とか官民合わせてクルーズ市場復活のアピールができればと思います。

プリンセス・クルーズから日本発着クルーズの計画を伝えられた時、海外旅行しか知らない私にとって、日本の国内旅行は初めての経験であり、また外国客船、しかも大型客船で長期にわたって日本発着クルーズを運航するということは業界でも初めてのことで、大変なインパクトを与えました。「そんなことは成功するはずはない」という意見と、「新しい市場開拓に期待する」という意見が混じる中で始まったプリンセス・クルーズの日本発着クルーズがここまで成功したのは、国土交通省港湾局、海事局および各地方自治体の港湾関係者、観光庁をはじめ各地方自治体の観光関係の方々の絶大なる協力があってのことと深く感謝しています。

せっかくここまで成長してきたクルーズ市場を衰退させないためにも、まずは国内クルーズ、日本発着クルーズの復活を客船会社、旅行会社並びに官民が一致協力して行うことが重要であると思います。同時に、これからは若い方にも参加しやすい新しいクルーズ商品を開発し、クルーズが若い世代にもシニア層にも、家族旅行にも率先して選ばれる魅力ある旅行商品の一つとなることが重要です。また、多くの若い世代がクルーズ産業に携わり、新しい市場を開拓、拡大していってくれることを願っています。私のつたない経験が少しでもクルーズ市場拡大のお役に立てば幸甚です。

最後になりましたが、このような機会を与えて下さった日本海事新聞社会長の大山高明氏及び、同新聞社を定年退職して現在は「みなと総合研究財団」首席研究員 兼 クルーズ総合研究所副所長の沖田一弘さんに深く感謝いたします。

2020年11月

木島　榮子

# 目次

目次

# 1 苦手の数学がない文学部へ

１９８９（平成元）年がクルーズ元年と言われて30年、まさにクルーズ業界は平成の時代と共に成長し、発展してきたと思います。平成の30年間を含めて約50年近くクルーズに関わってきた「私の歴史」を振り返ってみたいと思います。

東京・世田谷に生まれ、自宅前にあった東京学芸大学附属世田谷小学校に入学。その後、附属世田谷中学、附属高校と受験勉強を経験することなく過ごしました。小学生の夏休みには目の前にある学芸大学のプールに毎日のように出かけ、大学生に水泳を教えてもらっていました。中学は駒沢オリンピック競技場の近くに移りましたので、毎日自転車で通学です。当時の駒沢には東映フライヤーズの野球場があり、一方で時代劇の戦闘場面が撮影されるほど広大な赤土の平原で、風が吹くと土埃《つちぼこり》が舞い上がる大変な通学路でした。附属校はいずれも「よく学び、よく遊べ」という自由な校風で、好きなことをして過ごしました。

大学は父も卒業した慶應義塾大学文学部を受験しました。当時、文学部の試験科目は英語が200点と日本史または世界史100点の2科目で、苦手の数学がなく受験しやすかったのです。

入学早々、テニスをしたいと思って日吉の蝮谷コートに行くと、周りは緑の土手に囲まれタンポポの黄色い花が咲き、土手のサクラが満開で「こんな素晴らしい環境でテニスができるなら」と入部しました。

ただ、体育会テニス部は中学、高校時代からテニス部で活躍している人が多く、私のように硬式テニスが初めてで入部する人は少数派。しかも、各学年女子部員は1人か2人、私の学年は入部時3人いた女子も卒業時には私1人となってしまいました。体育会はどこも練習が厳

大阪・中百舌鳥のテニスコートで（右端が筆者，1961 年 7 月）

しいことで知られていましたが、卒業後、社会人になって同期の男性部員はもちろん、先輩や後輩たちとの交流も広がり、何かにつけて助けてくれ、4年間頑張って良かったと実感しています。

当時は4年の夏が過ぎると就職活動を始めることになりますが、四年制大学の女子の求人は非常に少なく、待遇も短大卒扱いのようでした。

秋ごろに米国大使館でのアルバイトの話が英文科に来ました。戦後、米国政府が日本企業の経営者たちを米国に招待して企業研修を実施し、その参加者の研修リポートを整理して電算機に入力する仕事です。

その時、ＩＢＭの電子計算機を見学に行きましたが、今から55年近く前の電算機は非常に大きく、これが最新の計算機かとビックリしたのをよく覚えています。

## 2 最初は旅行会社の受付係から

1964（昭和39）年に大学を卒業しました。東京オリンピックの年です。高校時代から毎日曜日午前中に放映される「兼高かおる世界の旅」を欠かさず見ては、まだ見たことがない世界に夢を抱き、「いつかは海外に行きたい」という願望を育んでいました。

卒業後も米国大使館でのアルバイトを続けていましたが、夏ごろには終了。まだ就職先もなく、上野にあった図書館協会でアルバイトをしました。当時は「女性の25歳はお肌の曲がり角」「25歳までに結婚しなければ女性ではない」というような時代でした。ただ、父や叔父たちは「これからの時代は女性も社会に出て活躍しなければいけない。そのために四年制の大学まで出したのだ」という進歩的な考えを持っていました。

私も平塚雷鳥が発刊した「青鞜《せいとう》」の言葉「元始、女性は太陽であった」に感銘し、これからは女性も社会に出て活躍しなければと思っていました。そこで父の大学の後輩、和田太計司氏が創業した海外旅行の会社「ニュー・オリエント・エキスプレス」（現在のNOE）に縁故で入社することになりました。

和田さんは「日本は、これからは外貨を稼がなければ。そのためには、インバウンド旅行を推進しなければいけない」と考え、1960（昭和35）年に「東洋に新しい懸け橋を」という旗印の下、外人旅行、今で言うインバウンド旅行を中心に海外旅行を販売する会社を設立しました。馬場先門の商工会議所ビルの1階に広いカウンターを持ち、創業当初は大学卒の女性を積極的に採用。その待遇も男女同一という画期的な会社でした。

しかし、総務部長と面接すると、何と「3年間は辞めません」という誓約書を提出してくださいというのです。私が入社した1965（昭和40）年は創業6年目。その間、大卒の女性社員のほとんどが1年か

移転した溜池の事務所前で（1966年3月）

ら1年半で寿退社していったとのこと。だから大卒より少なくとも3年は勤務してくれる短大卒を採用したいと言うのです。誓約書に署名し、何とか採用してもらいましたが、縁故の途中採用のため最初は受付係。時間がたっぷりあり、その合間に読書をしていました。

半年ほど受付係をした後、退職する社員の後任で海外旅行部の営業アシスタントに配属されました。しかし、入社2年目になると会社の業績が逼迫《ひっぱく》し、溜池にある古びた木造2階建ての事務所に急に移転。社員全員が一度に座る所がないくらい狭く、雨の日は雨漏りがするような事務所でした。そこに1年いた後、新橋に引っ越しました。

# 3 貨客船を探し渡航手伝う

営業アシスタントの業務は商社や銀行、自動車会社、大蔵省などの社員の海外出張のための旅程作成、パスポートやビザ取得のための書類作成業務が中心でした。

入社1年前の1964（昭和39）年に海外旅行が自由化され、海外持ち出し外貨も1回500ドルになりました。当時は1ドル＝360円、私の初任給は2万円。そのころ、モーレツ商社マンや自動車会社の社員たちは1回の出張が2週間、3週間と長期にわたり、ホテル代や食事代を含めると500ドルの外貨枠ではとても足りず、追加外貨を日銀に理由書を書いて申請するのも営業アシスタントの仕事でした。

一方、留学する学生や若い人たちが海外に行く際の手続きもしました。1960年代は小田実の「何でも見てやろう」や五木寛之の「さらばモスクワ愚連《ぐれん》隊」「青年は荒野を目指す」などに触発され、多くの若者が世界に飛び出していきました。

お金のない若者が海外に出るには船を使うのが一番。米国やカナダに留学する人たちには、アメリカン・プレジデント・ライン（ＡＰＬ）の船底の大部屋2段ベッドを予約したり、シッピング・ガゼットをめくりながらアメリカ西海岸のシアトル、ポートランド、オーストラリアのブリスベンやシドニー方面に行く貨客船を探し、学生たちの渡航を手伝ったものです。

安い旅費で欧州方面に行く時に一番人気があったのは、横浜からナホトカ航路の客船で2泊3日かけてナホトカまで行き、そこからシベリア鉄道でハバロフスクに出て、余裕のある人は飛行機でモスクワに向かい1泊。翌日、列車に乗り換え東ドイツのベルリンに行き、そこから西ベルリンに抜けてパリやロンドンなど西側ヨーロッパ各地に出かけて行きました。横浜から欧州の目的地まで5、6日かかったことになります。

もっと経費を詰めたい人は、ナホトカからシベリア鉄道で9日間をかけてユーラシア大

同僚と仕事に励んだ事務所で（1967 年 4 月）

陸を横断し、モスクワまで。また、北杜夫の「ドクトル・マンボウ航海記」や遠藤周作などが欧州に留学する際に使ったのが、欧州とアジアを結ぶフランス郵船（ＭＭライン）でした。横浜や神戸から香港、バンコク、シンガポール、コロンボ、ボンベイ、そしてインド洋からアラビア半島を通りスエズ運河を通過。フランスのマルセイユまで約40日かけて航海します。

当時、飛行機で欧州に行くには往復60万円くらいかかったと思います。私の月給が２万円ですから約３年分。１９６９（昭和44）年にボーイング７４７のジェット機が就航し、バルク運賃という団体旅行用運賃が出ましたが、それでも欧州往復は30万円前後。現在に換算すると１２０万円くらいでしょうか。

# 4 破格の7万円香港クルーズ

当時のニュー・オリエント・エキスプレス（ＮＯＥ）は信用金庫のお客さま向けの香港やハワイへのチャーター旅行が多く、入社３年目で初めて香港に研修旅行で出かけました。また、入社３年以上の社員には12月で期限が切れる航空券を自由に使わせてくれました。私も入社３年目の年末年始の休日を利用して、25％のＡＤチケットを使って初めて欧州に１人で出かけました。ついに、私も憧れの「兼高かおるの世界」に一歩近づいたように思ったものです。

ロンドン、パリ、マドリード、ローマと２週間くらいの旅行でした。途中、パリにいる知人と同行しましたが、ほとんどは１人で自由に観光名所を歩き回りました。ローマで街を歩いていると、後ろから付かず離れず付いてくる若者がいて、「これはまずい」と思い、細い石畳の道を何食わぬ顔をして右に左にと曲がって追い付かれないようにしていました。

イタリア人には気を付けろと言われていたのですが、後で聞くと「若い女性が１人で歩いていたらつまらないでしょう。だからイタリア人は楽しい話し相手としてエスコートするのが男の務めと思っているだけ」と言われてしまいました。初めての欧州旅行は、後の欧州添乗に大いに役立ちました。

ある朝出社すると上司に呼ばれ、「今からすぐ函館に行って、お客さまの戸籍抄本を取ってきてほしい」というのです。実はその時、山下汽船を通じてソ連船「ウルツキー号」をチャーターし、横浜・香港クルーズを1966（昭和41）年2月に催行すると発表していました。

当時としては破格の「7万円香港クルーズ」。海外旅行大衆化のシンボルとしてマスコミにも大きく取り上げられました。主なお客さまは信用金庫で旅行積み立てをしていた方々。集客に大変苦労

ニュー・オリエント・エキスプレス社員と香港研修旅行へ。空港にて（右から2人目が筆者）

してやっと見つけたお客さまがパスポートを持っていないので、その申請のため函館まで戸籍抄本を取りに行ったのです。

商品を発表する前、横浜港に「ウルツキー号」の見学に行かされました。船体は古く、船内に一歩足を踏み入れると重油の臭いが鼻をつき、客室も狭く、こんな船で10日間もクルーズするのかと大変不安になりました。冬の南シナ海は揺れると聞いていたので、船酔いのお客さまの、大げさに言えば阿鼻《あび》叫喚が聞こえるような気がしたほどでした。

案の定、往路の南シナ海は大揺れに揺れ、ほとんどの乗客は船酔いで部屋から出られず、船酔いしなかったのは添乗員３人と数人のお客さまだけと後で聞きました。香港で３日間楽しんだ後の帰路はそれほど揺れず、お客さまもクルーズに満足して無事に帰国しました。

参加されたお客さまには「数の子」のお土産を贈ったのも印象的でした。さすがにソ連（現ロシア）の客船だったので、数の子が大きなバケツに何杯も捨てるほどあったとのこと。当時、数の子はお歳暮に贈るほどのぜいたく品だったので、お客さまには大変喜ばれました。

# 5 2カ月の休暇が欲しい

1967（昭和42）年、私が勤めていたニュー・オリエント・エキスプレス（NOE）は日本で初めて「南極旅行」を販売しました。米国の著名な冒険旅行家ラース・エリック・リンドブラッド氏が率いるリンドブラッド・トラベルが主催運航する旅行です。アルゼンチンの軍艦「ラパタイヤ号」をチャーターし、一般の旅行者が南極を訪れる旅行を最初に企画、運航したのです。この画期的な南極旅行に日本から参加されたのは、森繁久彌夫人、斎藤照子さん（斎藤茂吉夫人、斎藤茂太、北杜夫の母上）の女性2人とカメラマンの池田宏氏、朝日新聞記者の4人でした。

羽田からアルゼンチンの最南端ウシュアイヤまで飛行機を乗り継ぎ3日間。「ラパタイヤ号」で魔のドレーク海峡を越えて最初に「パラダイス・ベイ」に着いた時の感激は忘れられません。南極の氷山はもちろん、雪に覆われた神々しいまでの静寂な南極の自然の美しさに魅せられて、「南極専門のカメラマンとなった」と参加した池田氏は言っています。

旅行費用は約200万円強、今で言うと1000万円弱ぐらいでしょうか。その後、

日本初の南極旅行に参加したカメラマンの池田氏はその後，南極専門に（写真提供：池田宏氏）

ＮＯＥでは１９７１（昭和46）年から耐氷能力のあるリンドブラッド社の客船「リンドブラッド・エキスプローラ号」を使って毎年のようにウシュアイヤから南極半島への20日間クルーズを催行しました。

１９７０（昭和45）年には、大阪・吹田市で日本万国博覧会（EXPO'70）が開催され、海外旅行部から「外人旅行部を手伝ってほしい」と言われて異動となりました。米国人団体客のバスやホテルの手配を手伝い、時には朝の新幹線でアメリカ人団体客を東京から新大阪まで送り、帰り便で別の外国人団体客を連れて東京に戻るということもしていました。どこの部署でも夜遅くまで働くのが当然のような風潮に、これではいつか身も心も枯渇してしまうと焦りを感じました。

その頃に読んだ新聞記事に、「欧米では有給休暇が1カ月から2カ月もある国があり、ほとんどの従業員がその休暇を有効に利用している」とありました。「これだ」と思い、私も入社5年を経過し、今後長く勤務するには心身をリフレッシュし、新しい知識を得ることが必要だと考えて「2カ月の休暇が欲しい」と会社に申請しました。

しかし、「とんでもない」と断られてしまいました。「それなら退社します」と、私はさっさと会社を辞めてしまいました。今から考えれば何と大胆なことをしたのかと思いますが、当時、1960年代後半から1970年代前半に米国を中心にウーマン・リブ（Woman Liberation Movement：女性解放運動）が台頭。直接これに参加することはありませんでしたが、女性ならではの「強さとしなやかさを武器に自ら社会に出て活躍する」ことで自由な権利を手にしていこうというスローガンに共鳴したのかもしれません。

# 6 若い娘さんで大丈夫?

ニュー・オリエント・エキスプレス（ＮＯＥ）を退社して３カ月後。元の上司が自宅まで訪ねてきて、人手が足りないから再就職していないなら戻ってきてほしいと言われました。「10カ月勤務して２カ月休暇をいただければ戻ります」と条件を付け、嘱託社員として復帰しました。

復帰最初の年の休暇では、従妹がニカラグアに赴任している夫の元に２人の子供を連れていくことになり、私が同行しました。夜遅く雨の中、到着した首都マナグアの空港にはトタン板の粗末な平屋の建物があり、薄暗い照明の中、大勢の子供連れやお年寄りたちが家族の出迎えにひしめいていました。

治安が悪い国でしたが、自宅には料理人、庭掃除人、子守がいて、主婦は何もすることがありません。従妹と私は、これ幸いと２人でいろいろな所に出かけたり、自宅にマリアッチ（メキシコ音楽の小楽団）を呼んでパーティーを開いたりしていました。１カ月半ほどの滞在を終え、帰国途中にグアテマラにあるティカル遺跡を見物して帰国しました。

翌年は12月末から2カ月間、ロンドンに語学研修の目的で遊びに行きました。ホームステイで屋根裏部屋に泊まり、昼間は語学学校、夜は毎晩のようにロンドンに留学していた英文科の同級生と一緒に劇場街ウエスト・エンドに出かけました。バレエや舞台劇などを3階席の安いチケットを買って地元の学生や若者と一緒になって鑑賞したり、映画館に通ったりと充実した2カ月でした。帰りの飛行機に搭乗する前にポケットを調べると、1000円くらいのお金しか残っていませんでした。

帰国後は以前と同じ飛行機やホテル、各地の観光などをアレンジする手配課に配属されました。ロータリー・クラブの年次総会へのツアー、松坂屋デパートと組んだ「カトレアツアー」で欧州旅

「カトレアツアー」で行ったスイスのグリンデルバルト（右が筆者，1971年5月）

行を企画販売していました。それらのツアーの添乗員として年に2、3回は欧州を中心に添乗しました。今のようにどこに行っても日本人ガイドがいるわけではなく、英語ガイドの通訳が大変でした。

1972（昭和47）年、ロータリー・クラブの国際大会がスイスのローザンヌで開かれ、私も20代の女性社員をサブ添乗員にして東北地方のロータリアン40人くらいを受け持ちました。出発前に羽田空港で自己紹介をすると、「あなたのような若い娘さんで本当に大丈夫なのか」と不安そうに言われました。すでに30歳は過ぎていましたが、20歳前後に見えたようです。当時のお客さまは添乗員に全幅の信頼を寄せてきます。しっかりと頼りになる添乗員にならなければ、と思ったのを鮮明に覚えています。

ある時、添乗から戻ってくると総務部長から正社員として課長職にしておいたから、と言われました。事前の相談もなく突然の社命でした。女性社員として初めての課長職。それまで好き勝手なことをしてきたので素直に受けました。

# 7 ヤサワ諸島クルーズが原点

1973（昭和48）年の年末年始ツアーで、初めてフィジーの「ブルー・ラグーン・クルーズ」の客船に乗船し、「ヤサワ諸島クルーズ3泊4日」を経験することになりました。羽田を出発してオーストラリアのブリスベン、シドニー、ニュージーランドのオークランド、フィジーのナンディ、タヒチ、そして最後にホノルルに寄って帰国する環太平洋運賃を使った18日間の年末年始ツアーが組まれました。

シドニーやオークランドで観光した後、フィジーのナンディ空港に夜遅く到着。ナンディで1泊した後、白い客船に乗船しました。乗客定員は50〜60人くらいで大きさも1000総トンくらいだったのではないかと思います。乗客のほとんどはオーストラリア人とニュージーランド人、日本人は私たちグループ20人ほどでした。当時のヤサワ諸島は電気も水道もなく、週に2回来るこのクルーズ船が島で必要な食料や物資を運ぶのです。

2日目。島に近づくと白砂の海岸に黒いこうもり傘が並んでいるのが見えてきました。傘の中では、子供連れのお母さんたちが自分で拾ってきた大きくてきれいな色とりどりの貝殻を売っていました。島の反対側の美しいビーチで貝を拾い、早朝から1、2時間かけてはだしで歩いてここまで来ているというのです。何もない島での最高のお土産です。

真っ白なビーチでボール遊びをしたり、ブルー・ラグーン・クルーズのお客さまだけが訪れることができる「青の洞窟」で泳いだり、シュノーケリングをしたり、また別の島ではわらぶき小屋が並ぶ部落の生活風景を村人の案内で見せてもらったりと、美しい自然に囲まれて暮らすフィジーの人々のやさしさに感激しました。中でも一番うれしかったのは、島の学校を訪問した際、はだしの女子中学生たちがアカペラで歌ってくれたフィジーの別れの歌「イサレ

島のお母さんたちが拾った色とりどりの貝殻は最高のお土産

イ」の歌声です。

純粋で透き通るような美しい歌声は、今でも聞こえるようです。船内でも明るく陽気で人懐っこいフィジアンクルーのホスピタリティーに包まれ、あっという間の3泊4日でした。

ブルー・ラグーン・クルーズは私にとって初めてのクルーズ体験。お客さまとクルーと訪れた島々の島民と一緒になって遊び、こんなに楽で楽しい旅行はないと、私がクルーズにひかれるようになった原点です。その後も年に1回はブルー・ラグーン・クルーズの客船で「ヤサワ諸島クルーズ」を楽しみました。

ある時、有名な総会屋グループが「ヤサワ諸島クルーズ」に参加されました。営業部長から「男性の添乗員だと何か問題が起こったら指を詰めろと言われるかもしれない。女性なら何もしないだろうから添乗してください」と言われ同行しました。また、このクルーズは高齢の参加者も多く、神戸から参加された70歳近いご婦人が「30年ぶりに水着を着たの」とおっしゃるので沖合まで手を取って一緒に泳いで行き、色鮮やかな熱帯魚の群れに囲まれてとても喜ばれたことを覚えています。

# 8 一度も泳がなかったハワイ

上司にも恵まれ海外添乗もこなし、取引先にも信頼されて責任ある仕事をさせてもらい課長にも昇格。仕事に自信を持てるようになっていましたが、一方で足を引っ張る男性社員も出てきて、居心地の悪い思いをするようになってきました。

そこで１９７７（昭和52）年末に12年間勤務したニュー・オリエント・エキスプレス（ＮＯＥ）を退社。その後は、ロンドンの友達を訪ねて３週間の旅行をすることにしていました。

しかし、私の退社を聞いた旅行会社ヴィーヴルから「すぐ会いたい」と連絡が入りました。ヴィーヴルは、ＮＯＥの営業部長だった和田良一氏ほか5、６人の社員が移籍して１９７４（昭和49）年にできた会社。世界的に著名なラース・エリック・リンドブラッド氏の協力を得て全く新しいコンセプトの海外旅行商品、価値ある旅行「ヴァリュー・ツアー」（Value Tour）を企画販売する会社でした。南極クルーズ、北極クルーズ、ナイル川クルーズ、ケニア・ウガンダの動物サファリ旅行、イラクやレバノンなど中近東の遺跡巡り、南米ナスカの地上絵やインカの遺跡、ガラパゴスやイースター島など、当時の旅行業界では画期的なデスティネーション（旅行先）を組み込んだ高額で高品質なツアーばかりでした。

また、全く新しいコンセプトのハワイ旅行を計画中で、ハワイ駐在事務所を開設する準備をしていました。そのツアーは5泊7日で、隣島に2泊とオアフ島に3泊。宿泊はホノルルが「カハラ・ヒルトン」、ハワイ島は「マウナケア・ホテル」、カウアイ島はエルビス・プレスリーの映画の舞台にもなった「ココ・パームス ホテル」など豪華ホテルばかり。しかも、団体旅行ではなく2名催行の個人旅行で、プライベート・ドライバー・ガイドがセダンでお

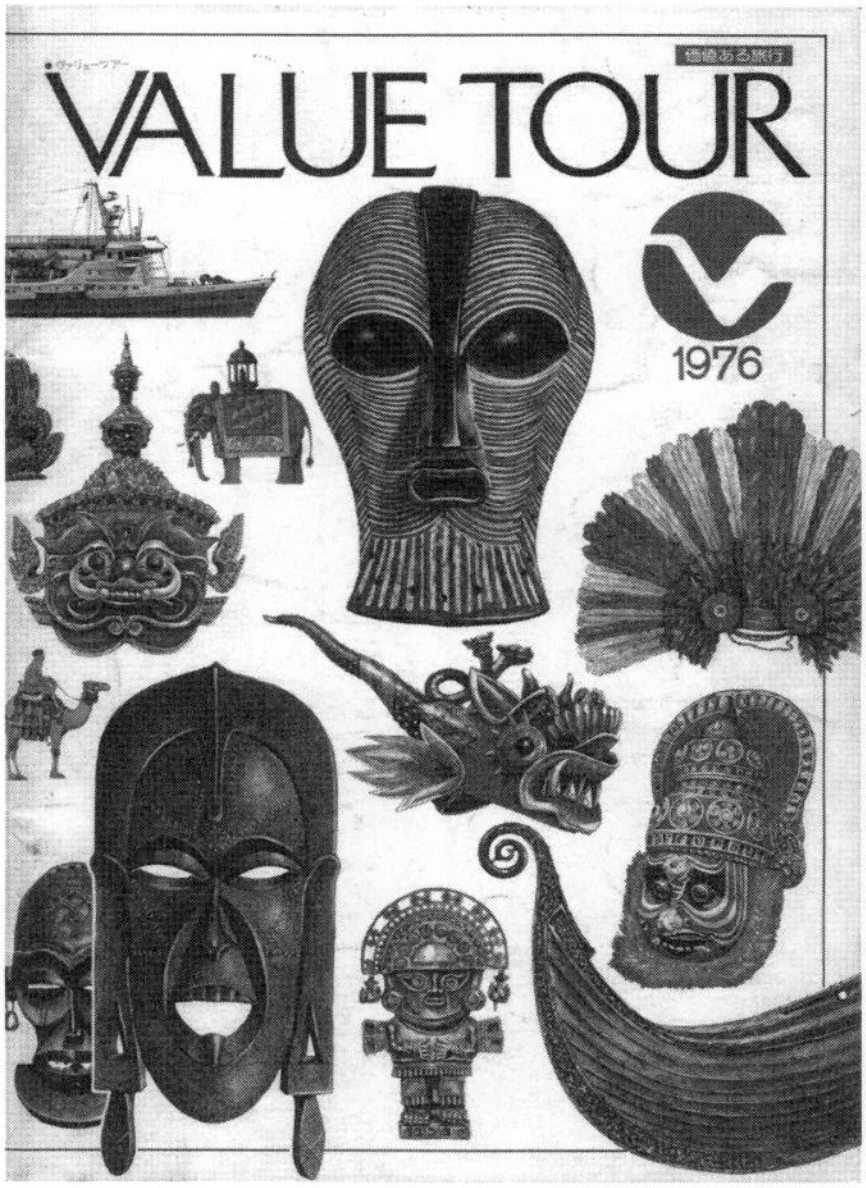


ヴァリュー・ツアーは当時の旅行業界では画期的な商品だった

出迎えから観光までするというぜいたく、かつ斬新なものでした。今では当たり前ですが、40年前では画期的な旅行商品でした。

急遽呼ばれた私は、NOE退社後1カ月もたたない1978（昭和53）年1月にハワイに行きました。すぐに会社設立の手続きをし、事務所を決め、ホノルル在住のドライバー・ガイドと2人で受け入れを開始。一番大変だったのは、当時は日本人宿泊客が少ない「カハラ・ヒルトン」や「マウナケア・ホテル」など超一流の人気ホテルの部屋を確保することでした。

早朝、日本から電話が入り、「ホテルが取れてないが、出発したから何とかしてくれ」と言われてホテルに朝から待機。ホノルル市内観光を予定以上に引き延ばし、ドライバー・ガイドには何とか部屋を確保したころホテルに到着するよう指示したりと、大変苦労しました。土日の休みもなく、ワイキキ・ビーチで一度も泳ぐことなく働きづめで体調を崩し、1年で日本に戻りました。

# 9 一番印象に残った南極

日本に戻って最初に取った電話は、「地中海クルーズ」の添乗員からでした。「飛行機が遅れて乗船に間に合うか分からないが、どうしたら良いか」というものでした。1979（昭和54）年、ヴァリュー・ツアーはすでにプリンセス・クルーズの地中海クルーズを販売していました。

次の仕事は、3月に「ナイル川クルーズ」に参加されたお客さまのクレーム処理です。参加されたクルーズが途中で砂嵐に遭い、せっかくの観光ができなかったのです。エジプトでは3月に砂嵐が起こることが多いのですが、「3月に砂嵐が起こることを知りながら企画したのはけしからん」とご立腹。加えて、最初に対応した部長の態度が横柄だと、さらに状況が悪化している時でした。どの方がクレームを出しているのか聞いてみると、何と私がよく知っている京都の陶芸家。早速電話をして一件落着となりましたが、その時にクレーム処理の大切さを学びました。

その後は手配課や商品企画課に所属し、リンドブラッド・トラベルのアドバイスを受けながら、まだ当時の日本では一般的ではないアフリカや南米、アジアなどの秘境地観光ツアーの企画、手配をしていました。大手旅行会社でさえ企画していない画期的な商品だったので、ＪＴＢと組んで「ヴァリュー・ルック」ツアーと名付け、紅海クルーズ、ケニアの動物サファリ飛行、西アフリカのトンブクツーやブータン・チベット旅行などを共同販売していました。

南極旅行も毎年催行しました。当時でも1人３００万円以上の高額な旅行でしたが、いつも20人前後のお客さまが参加。私も2回、添乗員として同行しました。「吠える60度」といわれるほど荒れるドレーク海峡を抜けて朝目を覚ますと、眼前に巨大な氷山が浮かぶ静かな南極の海が広がります。

南極半島に着くとそこは静寂の世界。真っ白な雪に覆われた岩山、聞こえるのはプチプチと氷がはじける音と風がわたる音だけの白銀の世界です。卵をかえす時期のペンギンの大群を観察し、今では行くことができない、デセプション島湾内の火山の影響で湧き出る熱鉱泉の温泉につかり、３００メートルの切り立った岸壁が両岸に迫る、南極半島で最も雄大で一番の景勝地といわれるルメール海峡を航海。南極は今でも一番印象に残るクルーズです。

２度目の南極旅行は１９８８（昭和63）年12月の年末から翌年1月の「南極半島クルー

## ⑨ 一番印象に残った南極

南極クルーズは今でも最も印象に残っている

ズ」でした。船内でお正月を迎え、あと2日で下船という1月7日、船長から呼ばれました。昭和天皇の崩御でした。このことをお客さまに知らせるのに失礼があってはいけないので、どのようなお悔やみの言葉を伝えたら良いのか教えてほしい、という相談でした。親身になってお客さまに対応してくれた船長には心から感謝しました。

# 10 マルコス大統領と小切手

中国政府が1978（昭和53）年に経済体制の改革を決定し、翌年から対外開放政策を推進することになったと報道されると、リンドブラッド氏は中国の国賓や政府要人専用に使用していた2000総トン、36人乗りの豪華客船「崑崙号《コンロン》」をチャーター。そして1980（昭和55）年11月に日本で最初に「崑崙号」を使った「ヴァリュー揚子江クルーズ20日間」を販売しました。南京で乗船し、九江―武漢―山峡クルーズ―重慶で下船する11日間のクルーズの前後に上海、蘇州、北京を巡る、20日間の旅。揚子江2000キロメートルを上りコース、下りコースと、翌年12月まで27便運航しました。

ヴィーヴルの和田良一社長は1982（昭和57）年、日本のクルーズ市場を広げようと別会社「クルーズ・インターナショナル」を設立しました。プリンセス・クルーズを中心に、中国の「崑崙号」「耀華号《ヤオファー》」、ミシシッピ川クルーズを運航するデルタクルーズ、極地クルーズが中心のリンドブラッド社など、欧米の客船会社と総代理店契約を締結しました。

また、1982年には中国の1万総トン、乗客定員189人、全室海側キャビンの客船「輝

VALUE TOUR
ヴァリュー揚子江
定員わずか36人の豪華客船"崑崙号"で大河長江2000キロを行く
東京発'80年11月～'81年12月

崑崙号揚子江クルーズのパンフレット

華号」をチャーターし、同年12月から翌1983（昭和58）年3月の冬休み期間にフィリピンの島々を巡る「トロピカル・アイランド・クルーズ、青いサンゴ礁への船旅8日間」を自主運航しました。

中国船籍の「輝華号」の船長は中国人、ルーム・スチュワードやウェイター、ウェイトレスは初々しい中国人の青年男女でした。スウェーデン人のチーフパーサーやホテル・マネジャー、ボンド映画にも出たことのあるという元女優のクルーズ・ディレクターなど、リンドブラッド・トラベルからクルーズ運航経験豊富な人材を加えて、本格的なレジャー・クルーズを目指しました。クルーズがどんな商品なのか知っている社員は皆無といっていいような状態で、とにかく手探りの中、社員が交代で乗船し、レセプションの仕事の手伝いをしたり、クルーと一緒にフィリピンのバンブーダンスを踊って仮装大会を盛り上げたり、シコゴン島の真っ白なビーチでバーベキューパーティーを手伝ったりと、お客さまにクルーズを楽しんでいただくために社員全員が一生懸命でした。クルーズがどんな旅行なのかほとんど知られていない状況下でお客さまもクルーズ経験は初めての方が大半でした。業界では画期的な商品でしたが、集客には大変苦労し、赤字も広がりました。

この時、船で働きたいと応募してきた前村あけみさんはレセプションや船内ショップの担当をしていました。

まだ学生で「船が大好き

耀華号のクルーズを紹介するパンフレット

で夏休みに働きたい」と応募してきた川野恵一郎さんも、クルーズスタッフとして働きました。川野さんはその後に商船三井客船に入社し、人気パーサーとして活躍。「にっぽん丸」のゼネラル・マネジャーなどを経て、今年（２０２０（令和２）年）６月には同社の取締役に就任されました。

「青いサンゴ礁への船旅」はマニラを母港にセブ島、シコゴン島、ボホール島を周遊する１週間のクルーズ。何回かに１回はカボタージュをクリアするためマニラ—香港クルーズを運航しました。

１９８４（昭和59）年５月から12月にも大手旅行会社５社が参加して「トロピカル・アイランド・クルーズ６日間」を販売しました。

「耀華号」がフィリピンの島巡りクルーズを運航すると発表された時、地元フェリー会社からお客を取られると大規模な反対運動が起こり、地元新聞にも報道されるほどでした。当時はマルコス大統領の時代でしたので、現地の旅行会社を通じてマルコス大統領宛てに小切手を送って何とか混乱を収めてもらいました。その後も何かにつけて問題が起きると、そのたびにマルコス宛て小切手を切りました。

# ⑪ プリンセス・クルーズとの出会い

集客に非常に苦労し、大きな赤字も出て「もう二度と（自主運航は）やらないだろう」と社員は思っていました。しかし、和田良一社長は翌1985（昭和60）年2～3月にグアム、サイパンを中心にパラオやヤップを巡る「ミクロネシア・クルーズ」を計画し、運航を開始しました。社長自らクルーズに参加し、パラオの海でお年寄りの乗客たちの手を取って乗下船を助けたりしていました。

その年の3月21日お昼ごろ、休日で家にいたところにパラオから電話が入りました。「社長が急に倒れたから今すぐ日本に送り返す。病院も手配してあるから迎えに行ってほしい」という緊急電話でした。主だった社員に指示を出し、社長が緊急入院する三井病院に駆けつけました。病名は膵臓《すいぞう》がんで、かなり進行しているということでした。

当時、私は商品企画部長としてツアーパンフレットの作成をしていましたが、商品内容、パンフレットのレイアウトから表紙のデザインなど、全て社長のＯＫを取るために病院に行きました。行くたびに目に見えて病状が悪化していくのが分かり、本当につらい思いをしました。ご家族、社員はもちろん、業界人全てに惜しまれ、入院後一度も退院することなく同年5月1日に永眠されました。

　和田社長は、リンドブラッド・トラベルのラース・エリック・リンドブラッド社長とともに、時代を先取りした斬新な海外旅行商品はもとより、まだ日本ではなじみがなかった本格的な欧米のレジャー・クルーズを率先して企画販売した功績は大きいと思います。日本のクルーズ業界の先駆者と言っても過言ではありません。またクルーズだけでなく、ヨーロッパやアメリカではやり始めていた「スポーツ&リゾートツアー」という新しいコンセプトのツアーも発表。いずれも10年も20年も時代を先取りしたものでした。私が今日あるのも、和田社長の薫陶を得たからだと感謝しています。

　和田社長の逝去後、以前から彼の旅行商品に関心を持っていただいていた西武セゾングループの堤清二氏の配慮によって西武百貨店旅行事業部の援助を受け、西武百貨店から社長ならびに総務部長が来られ、「ヴァリュー・ツアー」を引き続き企画販売しました。

リンドブラッド社長（左）と和田社長

チャータークルーズで大赤字を出した「クルーズ・インターナショナル」は閉鎖となりましたが、プリンセス・クルーズの販売代理店契約は継続。当時のプリンセスは米国の客船会社でしたが、英国のP&O（Peninsula and Orient Navigation Company）の傘下にいました。当時のアジア地区担当営業部長ロバート・パリー氏が来社し、「自分たちは2、3年で成績を出せとは言わない。10年の長いスパンで見るので安心して販売してほしい」と言われました。

英国流の、共に協力して長期にわたって友好な関係を築くというプリンセス・クルーズに大いに感銘を受けました。私が今日まで長らくプリンセス・クルーズに携わってきた原点でもあります。

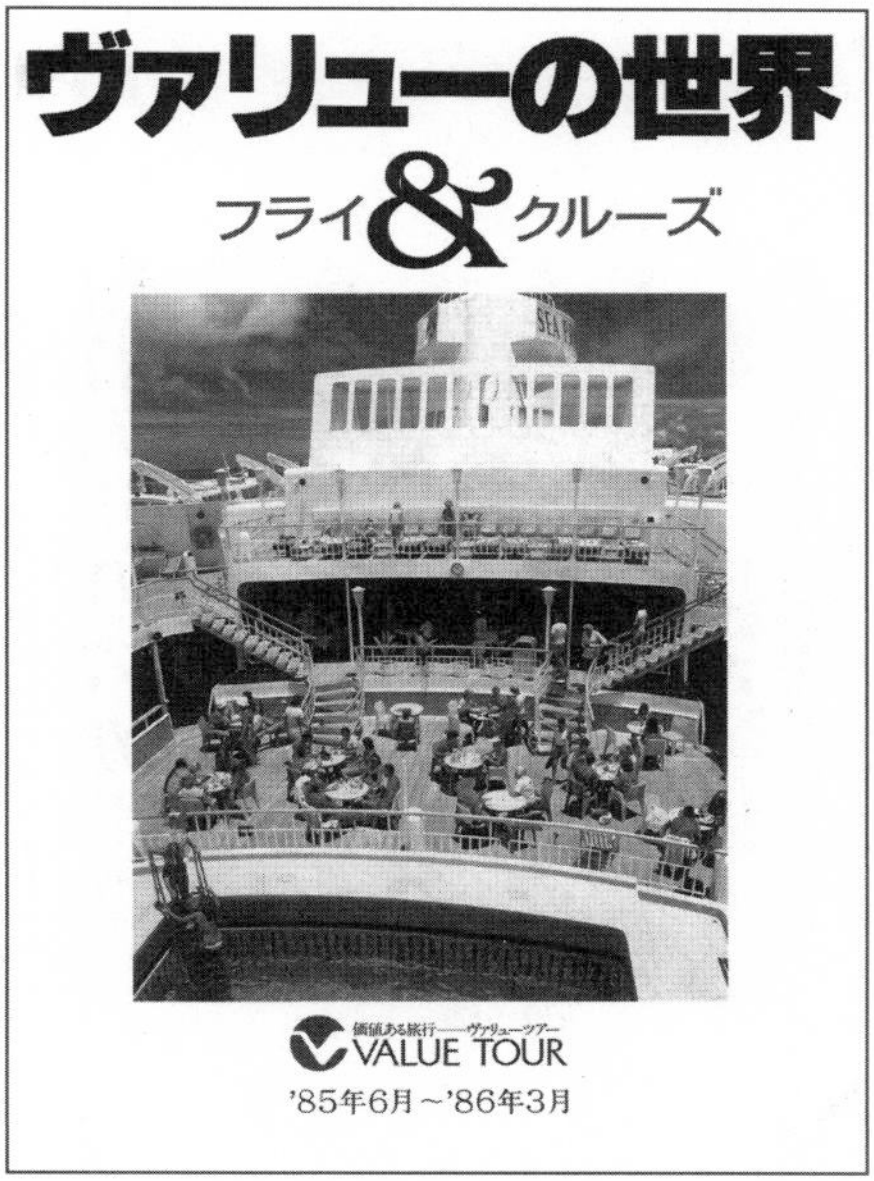


斬新な旅行「フライ&クルーズ」のパンフレット

# 12 船名入りのスカーフ

1984（昭和59）年11月、プリンセス・クルーズでは、4万総トン、乗客定員1200人の当時としては初めてとなる全室海側の画期的な客船「ロイヤル・プリンセス」が就航し、大きな話題となりました。3年後の1987（昭和62）年、世界一周クルーズの途上で神戸港、横浜港に日本初寄港。神戸、横浜からホノルルまでの太平洋横断クルーズを販売し、約180人の日本人客が乗船しました。

ほとんどのお客さまがクルーズは初めての方でした。フォーマル・ナイトではご婦人方は着物姿が多く、船長はじめ欧米のお客さまに大変喜ばれました。私は船側と日本人客との間のコーディネーターとして乗船し、お客さまのお世話をしました。オフィサーたちは英国人、レストランではイタリア人のメートル・ディー、ウェイターたちは昨今の客船と異なりフィリピン人ではなくイタリア人とポルトガル人でした。彼らはいつも陽気で明るく、食事を楽しませてくれました。日本人客は初めてだったので船側も大変気を遣ってくださり、ホノルル下船の前日には船長室に呼ばれ、感謝の印にと「ロイヤル・プリンセス」

「ロイヤル・プリンセス」のレセプションにて（ディプティー・パーサーのスーザン・ジョーンズ氏（右から２人目）と）

の名入りのスカーフを頂きました。今でも大切に持っています。

その後も、２万総トンの「シー・プリンセス」の横浜―ホノルル間の「太平洋横断クルーズ」や横浜―香港―シンガポールの「東南アジアクルーズ」にコーディネーターとして乗船しました。当時は、毎日の食事メニューからデイリー・プログラムまですべてを日本語に訳してお客さまのお部屋に届けなければならず、寝る暇もないほど忙しい毎日でした。夕食もテーブルが決まっていて、お客さまとお話をしながら約2時間の食事時間を、いかに「楽しく、料理もおいしかった」と言ってもらえるようにするかが、添乗員の仕事でした。

１９８６（昭和61）年、ＪＴＢが若者の街・渋谷に「ＪＴＢクロッシング」を開設し、クルーズ販売を開始しました。その年のクリスマスに「サン・プリンセス」のカリブ海クルーズを特別料金で販売し、ＪＴＢ渋谷の添乗員がクルーズは初めてということで、コーディネーターとして乗船しました。

クルーズ最終日、突然船内が真っ暗となり停電になってしまいました。お客さまもビックリしてお部屋から飛び出してきました。私は、「とにかく落ち着いて、指示が出るまでお部屋で待つように」と言い、レセプションに飛んで行きました。すると、どこからともなく清らかな歌声が聞こえてきました。何とクルーたちがローソクをもってクリスマスソングを歌いながら乗客に安心するようにと船内を回っていたのです。クリスマスシーズンのクルーズで、とっさの機転の素晴らしさに感心すると同時に、お客さまも私も安心して船側の対応を待ちました。

停電の原因はエンジントラブルでした。問題が発生した時にいかに冷静かつ的確に判断し、迅速に行動に移すかが大切であるという事を学んだ、私にとっては思い出に残るクルーズの一つです。

# 13 苦労したQE2チャーター

1989（平成元）年は昭和が終わり新しい平成が始まるという歴史的な年であると同時に、クルーズ業界にとっても歴史的な年であり、また私にとっても思い出に残る年でした。

この年、横浜市制100周年および開港130周年イベントとして「横浜博覧会」が3月25日から10月1日まで開催されました。同博のプロジェクトの一つとして「ポート横浜130」が企画され、ホテルシップとして「クイーン・エリザベス2」（QE2）を長期間にわたってチャーターし、横浜港・大桟橋埠頭に係留しました。これは西洋環境開発、三井物産、横浜市、横浜商工会議所の4団体の共同プロジェクトでした。

当時、クルーズは豪華旅行と言われ、特にQE2は「洋上の貴婦人」と呼ばれる豪華客船の代表です。QE2に1泊し、盛装してゴージャスなディナー・ショーを楽しむというバブリーな商品を3月25日~6月3日まで販売しました。しかし、バブル時代とはいえ、やはり集客にはとても苦労しました。

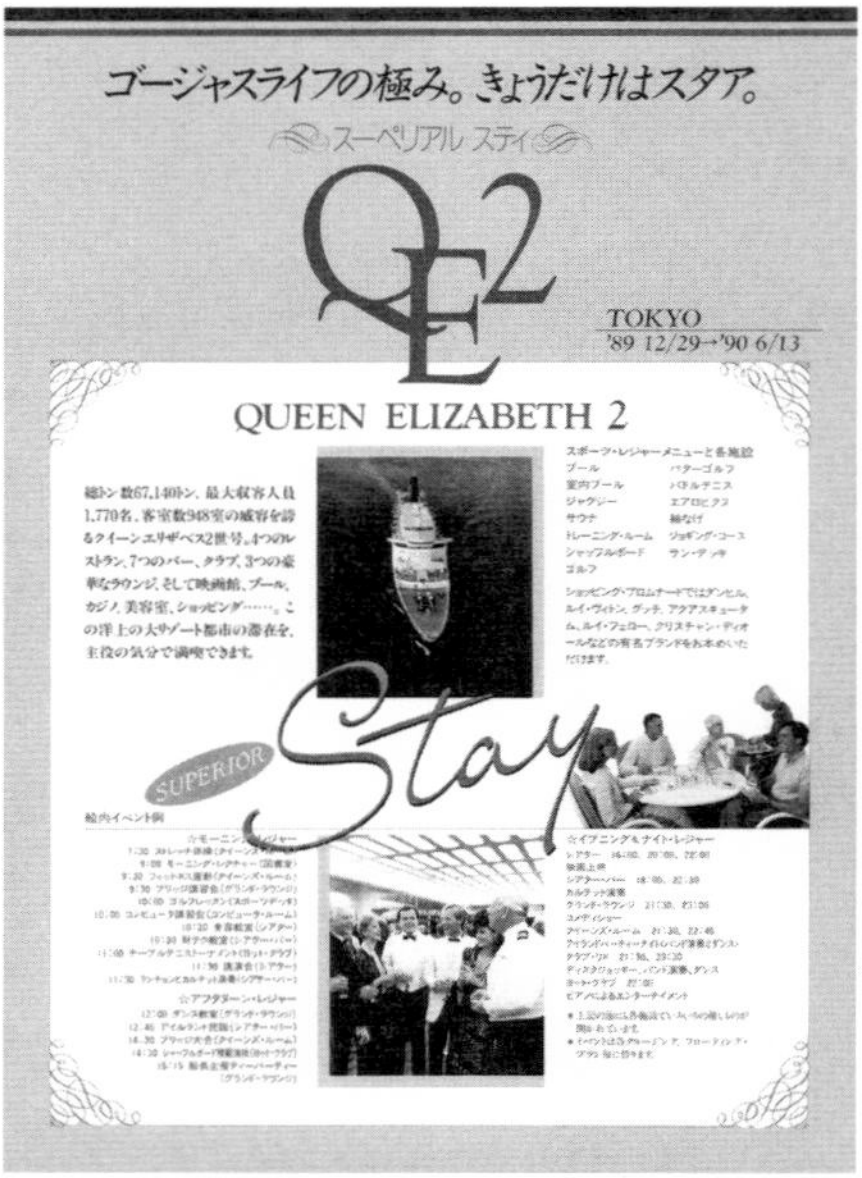


ディナー・ショーを紹介する「QE2」のチラシ
（提供：前村あけみ氏）

まだバブル景気だった当時、今度はセゾングループ、芙蓉グループ、キリン、丸紅、電通が共同でＱＥ２をチャーターし、１９８９年12月29日から１９９０（平成２）年３月26日まで大桟橋埠頭に係留。ＱＥ２に宿泊して「ディナー&ショーを」というプログラムを再び販売しました。１泊し、ドレスアップしてフルコースのディナーとショーを楽しむプログラムが１人７万円から、バルコニー付きは20万円。しかし、ＱＥ２がどんなに豪華で憧れの客船とはいえ、やはり販売には大変苦労しました。ディナー・ショーが売れず、１万５０００円のランチ・プログラムを新たに販売。これも思うように販売できず大赤字になりました。

プログラムの最後は横浜からホノルルまでの太平洋横断クルーズを運航。セゾングループの旅行会社ヴィーヴルと芙蓉グループの旅行会社三井トラベル・サービスが共同販売しました。1800人の乗客を集めるのに苦労しましたが、それよりも出入国手続きから預け入れ荷物手続きすべてを2社でハンドリングすることが大変でした。

1989年は戦後初めて日本で客船が誕生した年でもありました。昭和海運は小型客船「おせあにっくぐれいす」（5218総トン、乗客定員120人）、商船三井客船では「ふじ丸」（2万3340総トン、乗客定員603人）が誕生し、平成元年は「クルーズ元年」とも呼ばれ、いよいよ日本にもクルーズ時代が来ると沸き立ったものです。

当時の日本のクルーズ人口は17万人。2020年には100万人を目指すと意気軒高でした。ちなみに当時、ドイツは18万人、英国が17万人とほとんど同じ数でした。しかし、現場でクルーズ販売に携わっていた私たちは「フライ&クルーズの参加者数は1万人前後だろう」というのが実感でした。

クルーズ元年を機にクルーズ専門雑誌「CRUISE」や「ViAjE」が同時に発行され、クルーズ時代の幕開けを盛り上げました。「ViAjE」は後に「船の旅」となり、現在は季刊誌「CRUISE Traveller」に引き継がれています。

# 14 すぐ売り切れた世界一周

「ふじ丸」が誕生する前の1990(平成2)年2月、総合教育企画が主催する「クルーズ事業を取り巻く現状と展望」というセミナーが開催されました。

日本興業銀行の石井豊産業調査部副部長、商船三井客船取締役の観世元康営業部長と当時ヴィーヴルのクルーズ部長であった私が講師を務めました。その時、観世氏は「日本では欧米のようなレジャー・クルーズは受け入れられない。今回『ふじ丸』を建造するにあたって考慮したことは、従来の企業研修クルーズが行えるような客船です」と述べられたのがとても印象的でした。その言葉通り、「ふじ丸」には研修生が一堂にそろって朝の体操ができる広いデッキがあるのが特徴といわれていました。

その後、日本郵船が「飛鳥」の建造を発表。その発表会に招待され、「飛鳥」のモックを見た時、プリンセス・クルーズの「ロイヤル・プリンセス」に外観があまりにも似ているのでビックリしました。実は就航の3、4年前、昭和海運と日本郵船の方々から「ロイヤル・プリンセス」のカリブ海クルーズに参加するので船内を案内してほしいと会社に依頼があり私が同行しました。彼らは「ロイヤル・プリンセス」を見学して新しい自分たちの客船の参考にするとのことでした。

船内のいろいろな施設を案内している中で今でも鮮明に覚えていることは、サンデッキの中央にあるプールを見て、「これが野天風呂だったら言うことないな」というコメントでした。それは、海を眺めながらゆっくり温泉につかるという発想と同時に、日本人、特に女性は日焼けするのを嫌うからサンデッキにプールは必要ないということでした。

そして1990年に誕生した「にっぽん丸」にも、1991（平成3）年

「飛鳥」の初めての世界一周クルーズは，すぐに満席となった
（写真提供：郵船クルーズ）

に誕生した「飛鳥」にもサンデッキにはプールはなく、かわりに大きな船内お風呂が設置されているのを見て、「やっぱりあの一言だったな」と思いました。

日本船が次々と誕生し、クルーズは豪華な旅行として高い関心と話題を集めていましたが、バブル経済崩壊後の不況の中での集客はどこも大変だったようです。「飛鳥」誕生後3年目の1994（平成6）年、郵船クルーズが1996（平成8）年に「飛鳥で初めての世界一周クルーズを催行する」と発表しました。驚いたことに発表と同時に予約が殺到し、あっという間に満席となってしまいました。クルーズ料金は1人360万円から1800万円という高額なもの、日程も100日間という長期間にもかかわらず、しかも2年も先のクルーズが瞬く間に完売になったのです。クルーズ業界にとってこれほど話題になったクルーズはないのではないかと思います。

しかし、一方でクルーズは高額商品、日程も長く、船内では男性はタキシード、女性はロングドレスが必要という偏ったイメージが定着したのもこの時からといえると思います。

# 15 オペラとベルリンの壁崩壊

1989（平成元）年の出来事でもう一つ忘れられないのが、ベルリンの壁崩壊です。この年の10月、文化庁の後援で日本の芸術文化を紹介する「日本週間」が当時の東ヨーロッパの国々で開催されました。團伊玖磨作曲のオペラ「夕鶴」を東ドイツのドレスデンで公演することが決まり、藤原歌劇団と團伊玖磨先生一行の旅行手配を西武旅行事業部が請け負いました。その現地受け入れ状況の事前確認にドレスデンに出張することになりました。

飛行機で西ベルリンに行き、そこから車でドレスデンまで向かいます。西ベルリンのチャーリーズ・ポイントと呼ばれていた検問所を通過すると、車の両側の風景は急に貧しく寒々とした田舎の風景に変わりました。西ベルリンからきたハイヤーの運転手も急に寡黙になり、緊張して運転をしている様子がひしひしと伝わってきます。ドレスデンまで約3時間のドライブ。ドレスデンに着いたのはもう薄暗くなった午後5時ごろでした。

今晩はドレスデンに泊まるのかと聞いたところ、「こんなところには1分もいたくないのであなたを降ろしたらすぐベルリンに戻る」と言われました。確かに、ホテルに入るとロビー内は何となく薄暗く静かで、人々は皆ひそひそ声で話をしていて緊張感が漂っていました。

ロビーでチェックインをしていると日本週間のポスターがあり、歌舞伎公演が翌日にあることが分かりました。演目を見ると何と坂東玉三郎の「鷺娘」。早速チケットを1枚買いましたが、ドレスデン市民と外国人とのチケット代が全く違うのにビックリしました。あのゼンパーオーパ（国立歌劇場）で見た「鷺娘」の美しさはまさに幽玄の極みでした。

昼間街に出ると商店のショーケースにはほとんど品物がなく、街は静かで教会などに人々が集まり集会をしているようでした。2日後に藤原歌劇団の一行が来ましたが、初日は現地ガイドの案内で市内観光に出かけました。そのガイドは団員に、誰が聞いているか分からないので決して大きな声で話をしないようにと注意をしました。しかし、彼らこそ秘密警察の人ではないかと疑ったほどです。

現地のオーケストラと練習すると、急に1人、2人と団員が失踪していきました。夜は店の明かりも少なくて暗く、10月後半で寒く、街はひっそりとした緊張感が漂っていました。ゼンパーオーパでの「夕鶴」公演は大好評で何度もカーテンコールがありました。無事に公演を済ませ、11月の初めに帰国して1週間後の11月10日、夜テレビをつけるとブランデンブルグ門の壁によじ登りハンマーでたたき割っている若者たちの映像が流れ、ベルリンの壁崩壊のニュースが大きく報道されました。

ビックリすると同時に、あの何とも言えないドレスデンの街の重苦しい雰囲気と人々の姿が目に浮かびました。

## 16 クルーズバケーション誕生

「ヴィーヴル」が西武グループ傘下になってから、旅行商品に対するコンセプトや販売方法がそれまで「ヴァリュー・ツアー」で培ってきたものとは大いに異なりました。居心地の悪さを感じて浮かぬ顔で歩いていたところ、「ジェットツアー」の部長から声が掛かりました。ジェットツアーは、私が最初に勤めた「ニュー・オリエント・エキスプレス」から海外旅行のホールセラーとして1970（昭和45）年に発足した会社で、社長をはじめ役員や部長クラスの方々はみな旧知の仲でした。

当時の海外部長から「菅原清美社長がこれからはクルーズの時代だと言っている。クルーズ販売の会社を立ち上げたいので、ぜひ弊社に来て今までのあなたのクルーズ販売の経験を生かしてくれないか」とのお誘いを受けました。これは良い機会と思い、松本富男部長と2人で1992（平成4）年2月にヴィーヴルを退社。翌3月にジェットツアーの100％子会社「クルーズバケーション」が誕生しました。

誕生時はジェットツアー役員の野田省三氏が代表取締役となり、私は総支配人というタ

クルーズバケーションの創業メンバー（右から２人目が筆者，新宿御苑前の事務所にて）

イトルでしたが、翌１９９３年から代表取締役を拝命しました。ヴィーヴル退社時、当時の赤沼道夫社長から「クルーズは難しい。プリンセス・クルーズは新しい会社に引き継いでください」と言われました。

東京・新宿御苑前に事務所を開設。当時のメンバーはヴィーヴルで一緒にクルーズ販売をしていた松本部長、手配担当の前村あけみさん、ジェットツアーで経理担当だった前島よう子さんと私の４人でした。会社はオープンしましたが、一向に電話も予約も入りません。毎日毎日予約台帳をひっくり返しながら、何とか１日１件の予約が入るようにと願ったものでした。

セールス経験のない前村さんと私とで恐る恐る旅行会社巡りもしました。そんな時、東京ニュース通信社の「船の旅」編集室長だった先埼孝志さんに「ゆたか倶楽部」の松浦睦夫社長を紹介されました。クルーズ専門の旅行会社で、社長はワンマン、仕事も即断即決。「だから準備万端で面会に行かなくてはダメだ」と事前情報を頂きました。

神田の雑居ビルにある狭い事務所に伺うと、まさに言われた通り、あいさつもそこそこに、にこりともせずギラギラする鋭い目つきで「何のクルーズを売るのか」と聞かれました。こちらがカリブ海クルーズを紹介すると、「海外クルーズはほとんどやってない」と言いながら、

アラスカ政府観光局のトラベルセミナーのブースで。営業担当の児島氏と筆者で商品の説明中。

その場でクルーズ代金は？　飛行機代は？　地上費は？　添乗員は？　保険は？などと矢継ぎ早に料金を聞かれ、机の上にあった紙に鉛筆で次々と殴り書きするように数字を書き込み、その場で部下にメモ用紙を渡して商品化してくださいました。

その後も松浦社長の即断即決に助けられ、長い間大変お世話になりました。クルーズに対する熱い思いや将来への展望などを虎視眈々《たんたん》と、しかも独特な語り口で話すその姿、鋭く厳しい言葉の裏に隠された温かくシャイな人柄に多くの人が魅了されているのではないでしょうか。

## 17 忘られぬ神々の島々巡り

クルーズバケーション開業2年目に、スワイヤ・ジャパンの湯川巌代表から「P&Oクルーズを引き受けてもらえないか」と打診されました。当時、プリンセス・クルーズがP&Oグループ傘下だった縁で私たちに依頼が来たのです。P&Oは新造船「オリアナ」(6万9153総トン、乗客定員1822人)を建造中でした。

創業3年目の1994(平成6)年、後にカーニバル・ジャパンでキュナード担当部長を務める児島得正氏が入社。彼は川崎汽船の子会社アヴィーレで「ソング・オブ・フラワー」の販売をしており、根っからのクルーズ好きでした。

当時は外国客船のフライ&クルーズを販売する会社も、担当者も少なかったのです。キュナードといえば読売旅行の伊藤栄治郎さん、研修クルーズといえばPTSの祖師英夫さん、日本船中心のゆたか倶楽部の松浦睦夫社長と、すぐに会社名も担当者名も挙がるほどでした。一方、児島さんは積極的に大手旅行会社にセールスし、新しい取引先を広げていきました。

スワイヤ・ジャパンの湯川代表からP＆Oがインドネシアのバリ島でスパイスアイランドクルーズを運航していると紹介されました。早速バリ島に視察に行きました。運航会社P&O Spice Island Cruisesのバリ島オフィスに行くと、バリが大好きで半分バリ人になったような米国人のジョン・ダニエル氏が出迎えてくれました。

彼がわが子のように育てていたのがインドネシア船籍の「バリシーダンサー」でした。4000総トン、乗客定員150人の小型船ですが、木の壁の内装や細部にわたる伝統的インドネシア装飾、広々としたチークク材のプロムナードデッキなど往年の客船の面影を残していました。キャビンの90％が海側で全てシャワー

「スパイスアイランドクルーズ」のパンフレット

とエアコン付き、片言の日本語を話す若いインドネシア人のクルーのサービス、特に民族衣装を身に着けて恥ずかしそうにサービスするウェイトレスの初々しさがお客さまの人気を集めていました。

〝地上の楽園〟〝神々の島々〟ともいわれるインドネシアの島巡りクルーズは「スパイス・アイランド・クルーズ」の名前でバリ島のベノア港からスンバワ島、コモド島を巡る3泊4日と、スンバワ島、コモド島、ロンボック島を巡る4泊5日のクルーズでした。

スンバワ島では農民の迫力満点の水牛レースや、民族衣装を着けた結婚式を見たり、コモド島では息を殺して〝コモドドラゴン〟を捜しに行ったりしました。コモ

農民による迫力満点の水牛レース

村の結婚式の行列に遭遇

ド島の、赤いサンゴ礁が砕けてピンク色に染まった砂浜が太陽に輝く〝ピンクサンドビーチ〟の美しさは忘れられません。

ロンボック島では、色も鮮やかな香辛料があふれる市場や伝統的な織物が並ぶ商店など、各島での純朴な島民とのふれあいも忘れ難いものでした。

1997（平成9）年に旧「おせあにっく・ぐれいす」に船は変わりましたが、1998（平成10）年のインドネシア政情不安によりクルーズが中止になったのは非常に残念でした。お客さまの評判も高く、今運航されていたら大人気間違いなし。日本でも小型客船で沖縄南西諸島を巡るアイランド・ホッピングクルーズを運航する会社が現れないかとずっと期待しています。

## 18 震災後、節目の年になった95年

1995（平成7）年1月17日、阪神淡路大震災が発生し、大変な年となりました。前年から販売総代理店（GSA）となったオリエント・ラインの「マルコ・ポーロ」（2万総トン）がアジアクルーズで3月27日に神戸寄港を予定していました。このような事態の中、当然寄港を中止するだろうと予測していましたが、彼らは予定通り神戸にやって来ました。私たちは、波打つように落下している高速道路の脇をタクシーで港まで行きました。南極クルーズをはじめ極地クルーズで鍛えたキャプテンは、パイロットもつけず自力で瀬戸内海を航行して行きました。「マルコ・ポーロ」は震災後に最初に神戸に寄港した外国客船でした。

そしてこの年、1995年の4月、P&Oクルーズの「オリアナ」（6万9153総トン、乗客定員1870人）が就航しました。「オリアナ」は船尾が階段状のサンデッキとなっていて、ゆっくりとお茶を楽しみながら左右の景色や航跡を眺められるという、美しい船体を持つ英国の伝統を生かした客船です。私は、その命名式に招待されました。

命名者はエリザベス2世女王陛下。式典が終わると、女王陛下とフィリップ殿下がお帰りになるその両脇に参列者が並び、両陛下はにこやかに皆にあいさつし、参列者も両陛下の目の前にカメラを向けて写真を撮るのです。いかめしい警備員に囲まれることもなく、英国王室は何と自由で、また何と国民に愛されているかを実感しました。残念ながら特に英国人に人気の高い美しい「オリアナ」も、2019（令和元）年8月9日を最後に中国に売却され24年のキャリアを閉じました。

1995年に「ソング・オブ・フラワー」（8282総トン、乗客定員189人）を運航する川崎汽船傘下の米マイアミにあるセブンシーズ・クルーズ社と、「ラディソン・ダイヤモンド」（2万295総トン、乗客定員

オリアナ命名式に出席されたエリザベス女王とフィリップ殿下
（筆者撮影）

350人）を運航するラディソン・ダイヤモンド・クルーズ社が合併し、「ラディソン・セブンシーズ・クルーズ」（RSSC）が誕生しました。「ソング・オブ・フラワー」（SOF）は1990（平成2）年から日本ではアヴィーレ社が販売していましたが、阪神淡路大震災で被害を受け、会社が閉鎖されてしまいました。

そんな時、川崎汽船の夏目営業部長から、「新しくできたRSSCが『ソング・オブ・フラワー』を販売する。日本でも知名度がある同船を継続して販売したいので日本の販売総代理店を探している。ぜひ、立候補してほしい」と依頼がありました。弊社とインターナショナル・クルーズ・マーケティング（ICM）、JTBの子会社TPIの3社が面接を受けることになりました。面接担当はRSSCの営業部長スタイン・クルーズ氏でした。最終的に弊社が販売総代理店に指名され、1996（平成8）年から販売を開始しました。

「SOF」はすでに小型ラグジュアリー船として知名度があり、すぐに「グローバル・ユース・ビューロー」がチャーターをして地中海クルーズを運航しました。お客さまの評判も非常に良く、同社はその後7年連続で「SOF」をチャーターし地中海、エーゲ海、北欧クルーズを販売しました。

余談になりますが、スタイン・クルーズ氏はその後、ホーランド・アメリカ社の社長となり、現在はHolland GroupのCEO（最高経営責任者）として活躍されています。

# 19 私も25年同じ説明している

Ｐ＆Ｏクルーズの忘れ難い思い出のもう一つは、これも世界的に人気のあった「キャンベラ」（4万9000総トン）が1997（平成9）年の世界一周クルーズを最後に引退すると発表したことです。急遽「100日間世界一周クルーズ　998,000円」という商品を作成し販売したところ瞬く間に約50人の予約が入りました。60～70歳代のシニア層のお客さまが中心でしたが、1人参加のお客さまが多かったのも印象的でした。

1998（平成10）年3月2日、横浜港山下埠頭にＰ＆Ｏクルーズの「オリアナ」、大桟橋には前日から停泊しているキュナード・ラインの「クイーン・エリザベス2」、そして新港には「飛鳥」の3隻が同時に停泊するという記念すべき日となりました。しかも、3隻とも世界一周クルーズの途次です。

この日は前日の大雨が明け方にはすっかりやみ、初夏を思わせるような快晴の素晴らしい天気となり、大勢の見物客が詰め掛け道路は大渋滞。30万人とも40万人ともいわれるほどの見物客が新港から山下埠頭まで歩いて見物をしていました。

世界一周
大型客船

# 横浜港に勢ぞろい

飛　鳥　ＱＥ２　オリアナ

飛鳥（新港埠頭）

クイーンエリザベス2（大桟橋）

オリアナ（山下埠頭）

## 華麗な姿にうっとり

晴天に恵まれ
多数の市民

【横浜】世界一周クルーズの大型客船三隻が二日、横浜港に勢ぞろいした。先月二十八日に入港した「飛鳥」（二八、七一七総トン、郵船クルーズ運航）に続いて、「クイーンエリザベス2」（QE2、七〇、三二七総トン、キュナード運航）と「オリアナ」（六九、一五三総トン、P&Oクルーズ運航）の英国船二隻が二日までに入港し、そろって華麗な姿を披露したもの。世界に十隻程度しかない世界一周客船が、三隻も一つの港に同時入港するのはあまり例がなく、横浜港でも初めて。三隻の入港を歓迎して横浜市、横浜港振興協会、横浜国際観光協会は歓送迎セレモニーをはじめとして、さまざまなイベントを展開した。

「飛鳥」は同港から三度目の世界一周クルーズへの出港で、「QE2」「オリアナ」は世界一周の途上、入港した。「QE2」は十八回目、九五年建造の新鋭船「オリアナ」（二代目）は初めての横浜寄港。

三隻同時入港を記念して、横浜振興協会が市民を招待して各船の船内公開（各船五十―百人）を催したほか、市は一般市民が間近に客船を観察できるように三隻が接岸した岸壁の一般開放を実施。三隻が勢ぞろいした二日は晴天にも恵まれたこともあってか、月曜日にもかかわらず周辺の道路が渋滞するほど多くの市民が新港、大桟橋、山下の三埠頭に押しかけた。

三隻入港中は、外国人の船客を対象にした日本文化紹介のイベント（大桟橋客船ターミナル）や英国紹介フェア（山下公園）が催され、多くの市民を楽しませた。

世界一周の乗客三百七十六人を乗せた「飛鳥」（幡野保裕船長）が二日午後二時、駒沢大学マーチングバンドの演奏に送られて出港したのに続き、「QE2」「オリアナ」も同日深夜までに横浜港を後にした。

客船３隻同時寄港を伝える記事（日本海事新聞，1998 年３月３日付１面）（提供：日本海事新聞社）

また1998年には、フランス人オーナーの小型客船「ポール・ゴーギャン」（1万9200総トン、乗客定員332人）が誕生し、ラディソン・セブンシーズ・クルーズ（RSSC）でセールスを担当していたオスカー・アベロ氏から電話がありました。RSSCを離れて新しくできた「ポール・ゴーギャン」を販売することになったので、私に販売総代理店（GSA）をやってくれないかとの依頼でした。画家ゴーギャンのゆかりの地、タヒチの島々を巡る小型ラグジュアリー船「ポール・ゴーギャン」ならと、喜んで引き受けました。

プリンセス・クルーズ、P&Oクルーズ、ラディソン・セブンシーズ・クルーズにポール・ゴーギャンと、それぞれに特色のある客船会社のクルーズ販売を始めて5年たっていました。しかし旅行会社は二の足を踏んでなかなかクルーズを販売してくれません。クルーズはいかに楽しく、コストパフォーマンスも高く、お客の満足度やリピート率も高く旅行会社のメリットがいかに大きいかをいくら説明しても、返ってくる反応は「クルーズは高額商品。日程も長く、クルーズ中は退屈。タキシードが必要で服装が大変。外国客船は言葉が分からない」など、旅行会社からもお客さまからも否定的な回答ばかり。

ある時、プリンセス・クルーズの営業部長に「こうしたお客さまの反応にどう対応したら良いか」と聞いたところ、「エイコ、私も25年間同じことをお客さまに説明しているのよ。

宣教師のようにクルーズのメリットを伝え続けなければね」との答えでした。クルーズ先進国の米国でもそうなのだから、日本ではクルーズが理解されるまでにはまだまだ時間がかかる。あきらめずにクルーズの楽しさ、良さを伝え続けなければと思ったものです。

# 20 どうしても株を買わないと

忘れもしません。1998（平成10）年1月30日（金）の午後3時すぎ、ジェットツアーの子会社の人から「自分の会社の口座が閉鎖になっている。あなたのところは大丈夫か」と電話がありました。銀行に電話しても誰も電話口に出てくれません。慌てて社長室に飛んで行き、「これはどうしたことか」と聞くと、社長と同席していた役員の野田省三さんは「何も心配することはない」とおうような答えでした。以前から資金繰りが良くないとのうわさを人づてに聞いていましたので、その場で「株を全て売ってほしい」とお願いしました。社長は、何もそんなに慌てることはない、と取り合ってくれません。

その時、グローバル・ユース・ビューローが「ソング・オブ・フラワー」をチャーターし、秋に地中海クルーズを予定していて1億円のお金を預かっていました。また5月にはプリンセス・クルーズから当時世界最大クラスの客船となる「グランド・プリンセス」（10万5000総トン）がデビュー予定で、順調に集客をしていました。

再度「何とか株を売ってください」と懇願している時に電話が鳴りました。社長が出て「分かった。2月3日（火）だね」と一言。私はその時ピンと来て、お客さまを守り、社員を守るためには何とか株を買うしかないと、よほど切羽詰まった顔をして懇願したのでしょう。社長は「分かった。月曜日に書類を持って来なさい」と株売却を承諾してくださいました。すでに午後6時近くになっていましたが、以前から弊社をサポートしてくださっていたワールド航空サービスの菊間潤吾社長にすぐに相談の電話をしました。その日の夜9時、帝国ホテルでお会いすると、その場で税理士を紹介してくださり、土曜日にもかかわらず翌日には株購入のために必要な書類一式を作成してくれました。

2月2日（月）。朝一番で書類を持ってジェットツアーに行き、譲渡承認印を得るとその足で公証人役場に行って認証をもらい、書類を持って取引銀行に直行。株譲渡が成立した書類を見せて閉鎖されている口座を戻してくれるように依頼しましたが、応接間で待たされたまま、いつまでたっても誰も来ません。銀行本部で書類が正しいかどうか調べているとの理由でした。3時間待った後、書類の確認はできたが、株券がないので持ってくるようにと言われ、その日は解放されました。

翌3日（火）の早朝8時にジェットツアーに行くと、役員会議中で誰にも会えません。イライラして待っていると、お昼前に会議室から野田氏が出てきたので株券を渡してもらい、銀行に飛んで行きました。しかし、また応接間で待つことに。

親会社倒産を前に株買い取りに奔走した（提供：航空新聞社）

そしてようやく午後4時ごろ、「クルーズバケーションはあなたの会社になりました。残念ですがジェットツアーは倒産しました。会社に戻る際には裏口から入るように」と言われ解放されました。

薄暗くなった寒い2月の夕刻に会社に戻ると、ジェットツアーの正面入り口に「倒産」と書かれた張り紙。クルーズバケーションが独立したことをジェットツアーの担当役員だった上村博英さんに報告に行くと、真っ暗な部屋から大音量のイタリアオペラの「アリア」が響き、とても声を掛けるどころではありませんでした。

## 21 10年務めた「旅行業女性の会」会長

さて、独立はしましたが資本金がありません。以前から「何かあったら2000万円くらいならいつでも融資する」と言っていた、ゆたか倶楽部の松浦睦夫社長に1年で利子を付けて返済するとの約束で融資をしていただきました。また、ニュー・オリエント・エキスプレスからも融資を受け、個人資金は母から600万円を借りて何とか会社を続けることができました。

事務所も新たに探さなければなりません。その時、京橋で100年の歴史がある和紙問屋の社長から「自分のビルに空きができたから来ないか」とお誘いがありました。彼は慶應義塾大学テニス部の同級生で私のことを心配してくれていたのです。敷金も礼金も要らないという好条件で早速京橋に引っ越しました。この時ほど多くの方々の温かい支援に助けられたことはありません。今日の私があるのもこれらの方々のおかげと常に感謝しています。

移転後は倒産したジェットツアーのサイパン・グアム支店長だった猪股富士夫さん（現

在はカーニバル・ジャパンの営業部長)、同じくジェットツアーの子会社から総務経理担当に稲田照江さんを迎え、社員の結束も一段と高まりクルーズバケーションの第2章がスタートしました。

倒産騒ぎの1週間後、「日本旅行業女性の会」(JWTC)の総会が開かれました。私が5代目の会長に就任することになっていました。疲れ切った顔をして総会に出席したため、会員は本当に私が会長を引き受けられるかどうかとても心配していました。JWTCは1980(昭和55)年、IFWTO(International Federation of Women in Travel Organization)という旅行関連産業で活躍する女性の国際的組織の一員として発足。旅行業界で働く女性の国際的連携と女性

IFWTO 年次総会で韓国のメンバーと(右が筆者)

「日本旅行業女性の会」の５代目会長として周年記念パーティーに出席（2000 年, 壇上が筆者, 左から２人目が初代会長の安西さん）

の地位向上を目指したもので、初代会長はＪＴＢの安西美津子さん。当時、労働省（現厚生労働省）婦人局長の赤松良子さんが尽力された男女雇用機会均等法成立のために、ＪＷＴＣの代表として安西さんが公聴会に出席。１９８５（昭和60）年に同法が成立した時はＪＷＴＣ会員が全員で喜びました。

ＩＦＷＴＯは後に脱退しましたが、２０００（平成12）年にＪＷＴＣ20周年を迎えるので、その準備が大変でした。20周年記念の会には、当時ＩＢＭの女性役員で「活躍する女性」の代表のような安永ゆか子さんをゲストに迎え、業界の男性陣もお招きして盛大に行うことができました。旅行業界では多くの女性が働いていますが、残念ながら当時の女性社員は社内では中心になって働いていても、対外的に会社を代表して活躍するチャンスを与えられていた社員は本当に少なかったのです。

海外のトラベルマートに参加する欧米からの参加者は60％近くが女性で、しかも管理職。一方、日本からの参加者は大手旅行会社の男性ばかり。日本からは私と富士海外旅行の坂本康子さんと、あと2、3人いるかいないかでした。日本の旅行業界で縁の下の力持ち的に働いている女性たちに、もっと表に出て活躍できる場ができないかと、ＪＷＴＣ会長を10年の長きにわたって務めました。

## 22 フライ&クルーズ約款の成立

このころ、日本のクルーズ業界では外国客船の日本販売総代理店（GSA）が徐々に増えていきました。ロイヤル・バイキング・ライン日本代表の松井澄夫さん、エーゲ海クルーズの客船会社やカーニバル・クルーズ・ラインの総代理店をしているアンフィトリオン・ジャパンの島田記一さんが中心となり、外国客船のGSAをしている旅行会社が集まって日本船旅業協会（JASTA = Japan Association of Sea Travel Agents：2006（平成18）年6月に日本外航客船協会〈JOPA〉に統合）を結成し、外国客船による船旅の魅力発信、旅行会社向けクルーズセミナーの開催および販促活動を行っていました。

「高額」「揺れる」「退屈」「服装」「言葉」のマイナスイメージを払拭《ふっしょく》し、クルーズの魅力をアピールしようと懸命でした。当時はカリブ海、エーゲ海、地中海、アラスカ方面のフライ&クルーズ商品が中心で、年間の取り扱いはせいぜい1万~2万人くらい。また、海外のクルーズ商品は予約も早いのですが、取り消し料基準も出発60日前から90日前、極地クルーズなどは120日前からと早いこともクルーズ販売のネックでした。日本の旅行業約款では取り消し料を請求できるのは出発1カ月前からです。

せっかく販売したクルーズをお客さまが万一1カ月以上前に取り消されると、取り消し料を取れない場合が生じ、販売した旅行会社に大きな負担となってしまいます。クルーズ会社も日本人だからと取り消し料を免除することがなく、これが旅行会社にとってクルーズを積極的に販売できない要因の一つにもなっていたのです。クルーズ旅行については「クルーズ会社の基準に沿った取り消し料を取る方法はないか」とＪＡＳＴＡ内でも真剣に討論しました。

そして日本旅行業協会（ＪＡＴＡ）に相談することになり、検討会が開催され、ＪＡＳＴＡ代表として私が出席し、ＪＡＴＡ側は運輸省（現国土交通省）観光部の田村明比古旅行振興課長が出席されました。田村さんは米国駐在から戻ったばかりで、欧米クルーズ会社の取り消し料基準について十分理解されていました。3、4回会合を重ねた後、クルーズ会社の取り消し料基準に沿うためには消費者の負担を軽減できる方策が必要、そ

**アット・イーズ・ウェイバープログラム**
**（取消料免除プログラム・お荷物の補償）**

本プログラムは予約金のお支払い時に加入していただく必要があり、以降の加入は受け付けません。最終支払期限後の予約については、このプログラムはご利用いただけません。また、一度支払われた加入料は、いかなる事由によっても払い戻しはできません。

**◆取消料免除プログラム**
取消料免除プログラムにご加入いただきますと、乗船日当日の深夜から起算して72時間前※までにカーニバル・ジャパンまでお電話または書面で予約取消しのご連絡をいただいた場合、取消料が免除になります。

欧米客船会社の取消料免除プログラム
（パンフレットへの掲載例）
（提供：カーニバル・ジャパン）

れがあれば一般の旅行業約款とは別にフライ&クルーズ約款を考えてもよいとの見解でした。

欧米にはキャンセレーション・フィー・ウェーバーという保険を用意している船会社があり、日本でもクルーズ専用の取り消し料保険ができないかと、保険会社各社が共同でクルーズ取り消し料保険を開発。そして2000(平成12)年10月、クルーズ旅行の振興を目的として標準旅行業約款よりも早い時期から取り消し料を収受できる個別約款として「フライ&クルーズ約款」ができました。そのおかげで旅行会社も客船会社も安心してクルーズを販売できるようになり、お客さまも安心してクルーズを購入することができるようになりました。

フライ&クルーズ約款が短期間で成立したのは、ひとえに田村課長のおかげでした。後に田村さんは観光庁長官(現在、成田国際空港株式会社代表取締役)になられ、日本発着クルーズにも深い関心を寄せていただきました。

# 23 話題さらったスタークルーズ

クルーズバケーション独立後、全社員が今まで以上に結束してクルーズ市場拡大に向け営業にまい進しました。5月半ばから9月半ばのサマーシーズンはアラスカクルーズを中心に販売。バンクーバーやシアトルまで日本から直行便もあり、アクセスも良く、アメリカ大陸沿岸の景色を見ながらクルーズするので、一番お客さまが気にする揺れの心配も少なく、雄大なグレーシャー湾の氷河を楽しむことができるアラスカクルーズは、クルーズ初心者には一番のお勧めでした。

しかし、船内の言語は英語で、毎日のスケジュールやレストランのメニューを日本語に訳す必要もあります。また当時の旅行会社の添乗員もクルーズ経験のある人は少なく、予約担当の前村あけみさんにシーズン中、長期にわたって乗船してもらいました。彼女には新しくクルーズ・コーディネーターという役職名を付け、乗船中のお客さまと船側とのコーディネーションをする仕事をしてもらいました。

彼女はクルーズ・コーディネーターのパイオニアの1人です。その後、プリンセス・クルーズだけでなくキュナードやその他の外国客船のコーディネーターとして今も活躍しています。

秋から冬のシーズンは、カリブ海クルーズが中心となり、3泊・4泊の短期クルーズを通年運航しているカーニバル・クルーズ・ラインやロイヤル・カリビアン・クルーズが活躍しました。

1992（平成4）年のバブル景気終焉《しゅうえん》後は失われた10年とも20年ともいわれる不況が続き、21世紀になってからも世界中で毎年のように大きな問題が発生し、旅行業界は一喜一憂することばかりでした。2001（平成13）年9月11日の米国同時多発テロにはがくぜんとしました。ロンドン出張から戻り、自宅のテレビをつけたとたんに飛び込んできたのが、あの2機の飛行機がニューヨークの世界貿易センタービルに突っ込んでいく映像でした。

当時、地中海クルーズを楽しんでいる団体があり、添乗員に連絡を取ろうにも今のようにスマートフォンで簡単に世界中に連絡が取れる時代ではなく、お客さまの安全を確認するのも大変でした。2002（平成14）年11月には中国でSARS（重症性急性呼吸器症候群）が発症し世界的に流行。2003（平成15）年3月にはイラク戦争が勃発し、2004（平成16）年には鳥インフルエンザが流行。毎年のように海外渡航自粛が広がり、

## 23 話題さらったスタークルーズ

展望

# スタークルーズの対日戦略 上

傘下オペレーター内での活発なフリートのトランスファーや二年目を迎えた日韓定期クルーズ航路の動向など、今年もスタークルーズの話題は尽きない。日本マーケットでは、香港やシンガポールのクルーズは、最も手軽なフライ&クルーズのエリアとして人気は高いが、日韓航路を含めた今後の日本での展開はどうなるのか。初回は、「トーラス」の日韓クルーズについて、旅行業者の意見を含めまとめてみた。

（編集部・沖田一弘）

## 関東マーケット開拓を模索

### リピーター増加 九州などで好調な集客

日韓クルーズ

九州などでリピーターが増えているスターの日韓クルーズ。次は東京など関東での知名度アップが待たれる

**基本はマス市場認知**

昨年三月十日、神戸を基点とする「スーパースター・トーラス」が日韓航路に就航してから、すでに一年三カ月になる。当初、手軽に参加できるクルーズ料金が幸いし、爆発的ともいえる人気を得たことは記憶に新しい。

さらに、これを受けて、十月には二隻目の「スーパースター・エーリス」が福岡を母港に就航し、関西だけでなく九州マーケットでも、同社クルーズの認知度は上がった。

ただ、この間の日本のマーケット動向を見ると、消費者が価格に対して予想以上に敏感に反応したことがあげられる。そのためスターは、「エーリス」のタイ航路再投入、「トーラス」の福岡への配置替えといった矢継ぎ早の方針転換を図り、日韓マーケットの効率化を図った。

一連のスターの対日戦略について、同社日本支社の大山義人営業部長は、こう振り返る。

「日本のクルーズマーケットにおいて、いかにマス認知されるかが、当社の基本だと考えている。いろいろあった日韓クルーズも一年を経て、九州ではようやく認知が進んできた。これは、ゴールデンウイークの集客状況を見ても明確だ。クルーズによっては千人を超えた日もあり、関西からの乗船客も増加している。次は、東京などの関東マーケットをいかに拡大していくかだ」

**東京発に慎重な業者**

スターが、日韓航路の集客拡大に向け東京にターゲットを絞っている昨今、旅行業者はこれをどう受け止めているのか。

昨春、「トーラス」が初就航した際、東京エリアでの送客実績が上位を占めたいくつかの業者幹部に聞いたところ、あまり肯定的な

スタークルーズの「スーパースター・トーラス」記事（日本海事新聞，2001 年 6 月 5 日付）（提供：日本海事新聞社）

海外クルーズもその影響を受けました。

一方、日本のクルーズ人口は16万人から18万人程度で一向に増えません。そんな状況の中、2000（平成12）年にスタークルーズの「スーパースター・トーラス」が神戸からの日本発着クルーズを開始しました。クルーズ代金も1泊1万円と格安で日程も4泊・5泊と短く、カジュアルタイプのクルーズとしてアッという間に人気が出て大きな話題となりました。しかし、博多発着を最後に2年弱で撤退。その理由は、日本人客は船内でカジノもしなければ、アルコール類の消費も少ないので船内売上額が期待できずクルーズ代金に見合わないということでした。

しかし、2000年、2001年の2年間だけはクルーズ人口が20万人を超えました。ただ、その後はまた16万〜18万人に戻ってしまい、再び20万人を超えたのは2012（平成24）年でした。

# 24 「ダイヤモンド」が燃えている

２００２（平成14）年10月２日、大阪出張中のホテルで早朝６時に目が覚めテレビをつけると、何と三菱重工業長崎造船所内で火災が発生し、艤装中の客船が燃えているとのニュース。心臓が止まるほどビックリしました。とりあえず東京に戻ることにして、新幹線に飛び乗ると会社から電話です。報道関係の人たちが詰めかけているから至急帰ってきてくれという切羽詰まったものでした。

当時、プリンセス・クルーズの親会社Ｐ＆Ｏは、三菱重工に11万６０００総トンの客船２隻（「ダイヤモンド・プリンセス」と「サファイア・プリンセス」）を発注していました。長崎造船所は米国クリスタル・クルーズの客船「クリスタル・ハーモニー」（５万１４２総トン）を１９９０（平成２）年に竣工しており、その後約10年ぶりに外国客船会社から受注した大型客船の建造でした。最初の一隻「ダイヤモンド・プリンセス」は２００１（平成13）年６月９日に起工式を行い、２００２年５月25日には五月晴れの下、大勢の関係者が見守る中で進水式が行われました。Ｐ＆Ｏ、プリンセス・クルーズの関係者はもちろん、造船所の方を含めた造船業界、クルーズ業界では、日本で建造される最大級の大型客船への期待が非常に高かったのです。

新聞やテレビで映し出される黒煙に包まれた客船火災の映像にぼうぜんとするばかりでした。しかし、長崎造船所の行動は素早く、すぐP&O本社に飛んで行き事後処理を発表。2003(平成15)年7月就航予定だった、火災を受けた「ダイヤモンド・プリンセス」に代わり、連続建造していた姉妹船「サファイア・プリンセス」を急遽「ダイヤモンド・プリンセス」として2004(平成16)年2月、当初予定より7カ月遅れて就航させまし

消火活動が続く「ダイヤモンド・プリンセス」＝2002年10月2日午前7時50分、長崎市で共同通信社ヘリから
(写真提供：共同通信社)

た。火災にあった旧「ダイヤモンド・プリンセス」は「サファイア・プリンセス」として2004年5月に就航しました。

この火災事故のニュースは全国紙やテレビで大きく報道され、一躍「ダイヤモンド・プリンセス」の名前が知られることになりました。ネーミングセレモニーの前日、プリンセス・クルーズのピーター・ラトクリフ社長とカーニバル・コーポレーションのミッキー・アリソン会長が、最終仕上げをしている「ダイヤモンド・プリンセス」の船内を点検していました。2人とも「素晴らしい出来上がりだ」と大変満足されていました。特に従業員が船内で全員靴を脱いで靴下で作業している姿に感心していました。お客さまに引き渡すまでは、チリ一つ、足跡一つ残してはいけないという哲学に「さすが日本」と感激していました。

2004年2月26日の命名式当日は、「ダイヤモンド・プリンセス」の前途を祝うように澄み切った冬の青空が広がる日でした。ゴッドマザー（命名者）は三菱重工業代表取締役社長夫人佃芳子さん。着物姿の佃夫人が「私はこの船をダイヤモンド・プリンセスと名付けます」と船名を言うと、ロープにくくり付けられたシャンパンが船体に当たり見事に砕け、万感の思いにあふれました。

この後、2004年5月27日に「サファイア・プリンセス」の命名式も行われ、翌々日の5月29日に横浜港に初入港し、「飛鳥」と並んで大桟橋に係留。大勢の見物客が歓迎してくれました。その後、「サファイア・プリンセス」はアラスカクルーズに就航しましたが、乗船者の中には造船所で働いていた方や、毎日船が出来上がるのを見ていたという長崎市民も多く、皆さん自分の船のように慈しんで乗船されているのが印象的でした。

その「ダイヤモンド・プリンセス」が初航海から10年後に日本発着クルーズに就航し、活躍していることはとてもうれしいことです。船長と話した時も、船内の隅々まで目が行き届き、「しっかりと造られていてとても良い客船だ」と褒めていました。「ダイヤモンド・プリンセス」の日本発着クルーズの就航によって今まで敷居の高かったクルーズが気軽に誰でも参加できる楽しい旅行の一つとなり、日本のクルーズ市場活性化に大きく寄与していることはうれしい限りです。

# 25 「アドバイザー制度」誕生と「Seatrade」

２００３（平成15）年、日本外航客船協会（ＪＯＰＡ）がクルーズ・アドバイザー制度を発足させました。これは米国に本拠を置く世界中の客船会社、旅行会社、クルーズ関連会社が加盟する業界団体ＣＬＩＡ（Cruise Lines International Association）のクルーズ・カウンセラー制度を見習ったものです。

プリンセス・クルーズの研修旅行に参加すると、米国の旅行会社の女性たちが「クルーズ・カウンセラー」と書いたバッジを胸につけていました。彼女たちは「ＣＬＩＡの研修を受け、試験に通ってこれを取得した。これがあると、自信を持ってお客さまのクルーズ相談にものれるし、お客さまも私たちを信頼してクルーズの予約をしてくれる」と誇らしげに話していました。

クルーズはトータル・バケーションと言われ、客船ごとの知識に加え、発着港までの飛行機を含めた移動の案内、各寄港地の観光情報、訪問国の査証を含めた渡航手続きなど多様な知識が必要です。ＪＯＰＡのクルーズ・アドバイザー制度では、クルーズ・コンサルタントとクルーズ・マスターの2つの資格を設けました。その最初のクルーズ・マスターには、既にクルーズに長年携わってきた13人が推薦で選ばれました。私もその1人として「クルーズ・マスター」の資格を授与されました。13人の中で現在（2019年）も活躍されている方は6人となってしまいました。毎年全国で行われる資格試験には1200人前後の応募があり、応募人数は年々増えています。それだけクルーズの関心度が高まっている証拠だと思います。現在クルーズ・コンサルタント資格保有者は約6500人、クルーズ・マスター資格保有者は約70人います。資格を活用して、ぜひクルーズ市場拡大に向けて活躍してもらいたいと思います。

2011（平成23）年9月にはJATA（日本旅行業協会）が新たに設けたテーマスペシャリストの中で、クルーズ・スペシャリストの認定を受けました。

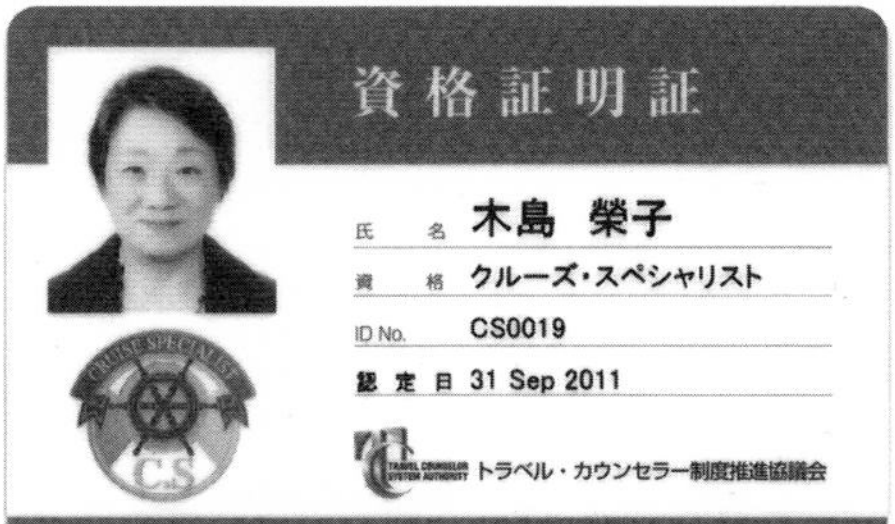


2011年9月にはJATAが新たに設けたテーマスペシャリストの中で，クルーズ・スペシャリストの認定を受けた

2005（平成17）年、当時の国土交通省海事局総務課企画調整官だった角昌佳さん（現

在はマラッカ海峡協議会の事務局長）から、マイアミで開催されている「Seatrade Cruise Shipping Convention」に参加しないかとのお誘いを受けました。2005年3月16日～17日に開かれる「Seatrade」で日本のクルーズ市場について話をしてほしいと依頼されているとのこと。「ダイヤモンド・プリンセス」「サファイア・プリンセス」が日本で誕生し、海外からも日本のクルーズ市場に興味が注がれるようになってきていたのです。ただ、英語でのスピーチなど初めての経験でした。

この2隻の誕生により、日本人のクルーズに対する親近感が増し、クルーズ人口も増えてきていること、日本には沖縄から北海道まで魅力的な観光地がたくさんあるので外国客船にもっと日本に寄港してもらいたいこと、そして近い将来、日本のクルーズ人口が50万人になるであろうことを述べました。しかし、クルーズ船社、旅行会社など米国のクルーズ業界の面々の前でのスピーチは緊張で上がってしまい、ただ原稿を読み上げるのが精いっぱいでした。

この時の「Seatrade」には日本からは3人、海事局の角さん、横浜港代表として日本郵船から横浜市に出向していた小川哲さんと、青森港代表として細川英邦さんが参加していました。ロサンゼルスからはクリスタル・クルーズの社長をしていた、日本郵船から出向の高橋光彦社長も出席されていました。

「Seatrade」が日本のクルーズ市場に関心を示すようになり、クリストファー・ヘイマン社長の協力を得て、２００６（平成18）年1月16日「ジャパン・クルーズ・シンポジューム in 横浜」が国土交通省、国際観光振興機構、日本旅行業協会（ＪＡＴＡ）、日本港湾協会の主催、横浜市、日本航空の協賛で開催されることが決定しました。一方、２００５年、ＪＡＴＡ（日本旅行業協会）でもクルーズ市場活性化を目指したクルーズ部会が設置され、部会長に就任しました。クルーズ部会では２００６年をクルーズイヤーと設定し、クルーズ市場の需要喚起アクションプランを策定。内外からクルーズを盛り上げるべくイベントやキャンペーンなどを計画しました。クルーズイヤー共通のキャッチコピー・ロゴ「Do Cruise 2006「目覚めれば、新しい街」」を作成し、旅行会社が作成するパンフレットや広告などにこのロゴを使用。「ジャパン・クルーズ・シンポジューム in 横浜」では「日本人のクルーズ市場活性化に向けた方策」のパネルディスカッションが行われました。パネリストは、シルバー

クルーズ振興のために新しいロゴを作った

シーズ社社長のジム・バーンサイド氏、プリンセス・クルーズ／キュナード・ライン部長のブルース・クルムリン氏、ＲＳＳＣ副部長のマイク・ポーラス氏、ＲＣＩ／セレブリティクルーズ副部長のジョン・デレック氏、日本側はＪＴＢ取締役の深川三郎氏と私でした。

その後、日本では同規模のクルーズセミナー開催はありませんが、マイアミで開催される「Seatrade」には日本各地の港湾関係者が参加するようになり、客船誘致活動を積極的に行っています。コロナ禍でクルーズが敬遠されている今こそ旅行会社、船会社、ＪＡＴＡを含めた官民が一体となってクルーズ市場の再活性化に取り組む必要があるのではないかと思っています。

## 26 一緒に日本市場を拡大していこう

私がトレイ・ヒッキーと初めて出会ったのは約20年前、日本旅行業協会（ＪＡＴＡ）主催の「世界旅行博」でした。今では海外・国内を含めた大規模な旅行博覧会「ツーリズムＥＸＰＯジャパン」と名称も変わり、国内外から10万人を超す入場者を集める大規模な旅行関連博覧会です。当時、東京プリンスホテルで開かれた「世界旅行博」は規模も小さく、手作りのブースが並んでいました。

外国客船会社の総代理店の数も少なく、ロイヤル・カリビアン・クルーズ（ＲＣＩ）、プリンセス・クルーズ（ＰＣＬ）、カーニバル・クルーズ・ライン（ＣＣＬ）、ホーランド・アメリカン・ライン（ＨＡＬ）などが主な客船会社でした。

ＰＣＬの出展ブースの隣にＲＣＩのブースがありました。そこにいたのが、ＲＣＩ本社から来た営業担当の、ジーンズをはいた米国人にしては小柄な優しい感じの青年でした。プリンセス・クルーズからは50歳代のがっちりした体格の営業担当部長ジョン・アンダーソン。２人は非常に対照的でした。この青年が、後にプリンセス・クルーズのアジア担当

当時のプリンセス・クルーズ営業部長ジョン・アンダーソン氏（右端）と営業担当トレイ・ヒッキー氏（左から２人目）

営業部長となるトレイ・ヒッキーでした。

２０００（平成12）年、トレイはプリンセス・クルーズに入社し、アジア担当営業部長としてアジアにおけるプリンセス・クルーズの販路拡大に大いに貢献していきます。彼は福岡にある西南学院大学に短期留学し、その後、日本企業で２、３年働いた経験があり、カタコトの日本語も話しました。しかし、彼は非常にシャイで、人前ではめったに日本語を口にしませんでした。

日本はもとよりアジアの国々が好きで、それぞれの国の歴史や習慣をよく理解していました。日本人の考え方や商習慣も熟知し、一緒に日本市場を拡大していこうという彼の姿勢に社員全員が信頼を寄せ、また鼓舞されて、プリンセス・クルーズは日本市場のシェアを広げていきます。そして、その延長線上に日本発着クルーズがあるのです。

トレイがアジア担当となってから、アジア各国でプリンセス・クルーズのＩＳＡ（International Sales Agents）の人たちを集めてミーティングを兼ねた研修旅行をするようになりました。当時はＲＣＩに比べアジアでのプリンセス・クルーズの知名度は低く、アジア各国の販売代理店社員が協力してプリンセス・クルーズの販売を広げていこうという意図でした。日本、台湾、香港、韓国、タイ、シンガポール、インド、フィリピン、インドネシアのＩＳＡメンバーが

トレイ・ヒッキー氏（着席左から２人目）とISAのメンバー（同右から２人目が筆者）

年1回集まって昼間は研修、夜は食事をしながら交流しました。第1回のカンボジア・ボロブドールから始まり、インドネシアのウブド、京都、ベトナム、タイ、インドでも実施しました。

２００４（平成16）年1月、キュナードでは同社最大の15万総トンの「クイーン・メリー2」が誕生。それと同時にキュナードの米国での販売をプリンセス・クルーズが担うことになり、アジアでもプリンセス・クルーズのＩＳＡが販売を担当することになりました。早速、バンコクでキュナードの研修ミーティングが開かれ、セミナーを通じてトレイを中心にお互いに交流を深め、仕事上でも助け合いました。

２０１３（平成25）年にプリンセス・クルーズが日本発着クルーズを開始してから、このＩＳＡ研修セミナーはなくなりましたが、今でもＩＳＡのメンバーが「ダイヤモンド・プリンセス」の日本発着やキュナードの集客に積極的に貢献してくれています。

## 27 老いても凛として美しいＱＥ２

２００４（平成16）年にキュナードの販売総代理店（ＧＳＡ）を引き受けましたが、当時はキュナードといえば「クイーンエリザベス２世号」でした。私がキュナードを引き受ける以前、英語表示の船名「Queen Elizabeth II」の日本語訳は「クイーンエリザベス２世号」だったのです。これでは英国女王のクイーン・エリザベス２世の称号になってしまいます。そこで、弊社がＧＳＡになった時に正しく「クイーンエリザベス２」（ＱＥ２）と表示を変更しました。

日本のクルーズ市場はＱＥ２によって発展してきたと言っても過言ではないと思います。今から30年前の１９８９（平成元）年に創刊された「CRUISE」誌も、「ViAjE」誌（現在のCRUISE Traveller誌）も、創刊号の巻頭特集は「クイーンエリザベス２世号」でした。「クイーンエリザベス２」は「洋上の貴婦人」とうたわれ、豪華客船の象徴として一生に一度は乗船したい憧れの客船でした。

タキシードを着て、ロングドレスに身を包んだ美女をエスコートし、毎晩フルコースの食事を楽しみ、洋上一のボールルームで踊り明かす。日常からすっかり離れた「晴れ」の舞台を作ってくれるのが「ＱＥ２」であり、それがクルーズを代表するようになりました。クルーズは豪華な旅行、一生に一度は経験したい憧れの旅行というような紹介が長い間続いてきたため、日本ではいつまでたってもクルーズは高価で手の届かない旅行とみなされてきました。そして日本人のＱＥ２に寄せる特別な熱い思い。ＱＥ２人気はレジェンドとなって、現在のＱＥにも受け継がれているのではないでしょうか。21世紀になってキュナードの経営が苦しくなり、ＱＥ２も船齢を重ねて「厚化粧の美女」などとやゆされるようになると、世界一周クルーズの途次の日本寄港での集客も本社が期待するほどの勢いはなくなってきていました。

ＱＥ２販売に苦慮していた矢先の２００７（平成19）年６月18日、ＱＥ２は２００８（平成20）年11月11日のクルーズを最後に引退するという思いがけない知らせが入りました。６本のさよならクルーズが設定され、発表９日後の６月27日、ロンドン時間午後１時に世界同時に予約を受け付けるという通知です。日本時間では６月27日の午後10時開始となり、６人の社員がコンピューターの前に待機し、各旅行会社から依頼された５００人近い予約希望者のリストを手に予約画面の立ち上がりを今か今かと待ち構えました。予約スタートと同時に一斉にキーボードをたたきましたが、世界中から同じように予約が入り、すさまじい勢いでキャビンが埋まっていきました。わずか30分で１万７７４０人分が完売となったのです。日本人の予約は約３００人を確保するのがやっとの状況でした。

ＱＥ２最後の世界一周クルーズでは、２００８年３月19日に大阪港に寄港。残念ながら小雨の降る中の寄港でしたが、41年間活躍したＱＥ２の最後の姿を見ようと大勢の見送りの人が港に集まりました。伝統と過去の栄光を一身にまとい、何度も塗り替えられた流麗な船体をいたわりながら航行を続けるＱＥ２の姿は、老いたりといえ背筋を伸ばした凛《りん》とした美しいたたずまいを最後まで保ち続けました。

ＱＥ２の伝説を作り上げたのは、ＱＥ２

QE2 最後の大阪港寄港時，船内のエリザベス２世銅像の前でクルーズバケーション社員と

19日、最後のグランドクルーズ航海中に大阪港へ寄港した「QE 2」。国内寄港地は大阪だけということもあって、接岸した天保山岸壁では多くの市民が同船との別れを惜しんだ。大阪市港湾局と大阪港振興協会では、多彩な歓迎イベントを実施、同岸壁周辺は終日、QE 2フィーバーに沸いた。

# QE2、最後の日本寄港は大阪

大阪港に接岸したQE2の華麗な姿

## 多くの市民が別れ惜しむ

上 京都観光などから戻る乗船客 中 和太鼓演奏で見送り 下 最後の別れを惜しむ大阪市民

QE2は予定通り19日午前6時ごろ、前港の上海港から大阪港天保山岸壁へ入港した。大阪港への寄港は今回で10回目。乗客は米英人を中心に約1500人から1600人で、京都観光や大阪港周辺でのショッピングを楽しんだ。

市港湾局では、下船した乗客の利便性を図るため、午前8時から天保山マーケットプレイス内に両替などができるインフォメーションコーナーを開設した。このほか、同10時から午後3時までコーナー内で乗客・クルー向けの「ティーセレモニー（お茶会）」を開き、多くの参加者が慣れない手つきで茶の湯を初体験した。

船内見学会には、大阪港振興協会の会員や、約5600人の応募者の中から選ばれた一般市民ら100人余りが参加。午前10時30分から同11時30分まで、4グループに分かれて歴史を感じさせる調度品が並ぶ船内を見学した。

大阪港で海上アクセス便を運航する「キャプテンライン」（大阪市）では、QE2を海側から見学する歓迎クルーズを企画した。午後2時45分発の第1便から出港を見送る同5時45分発の第4便まで運航し、QE2を間近に見られるとあって各便とも多数の乗船者でにぎわった。

午後6時すぎの出港時には、勇壮な和太鼓演奏でお見送り。和太鼓集団「雅」が豪快に打ち鳴らす太鼓の音と手を振る大勢の市民の波。「海の貴婦人」と称される優雅な姿を印象づけるかのようにQE2は静かに大阪港を離れ、次港・ホノルルへ向かった。

QE2 最後の世界一周クルーズでの大阪寄港を報じる記事（2008 年 3 月 25 日付）（提供：日本海事新聞社）

を愛し、ＱＥ２に長年勤務したたくさんのオフィサーや乗組員と、何度も乗船して彼らと家族のように親しくなっていったリピーターの存在だと思います。これほどまでに全ての乗客を包み込み、とりこにし、語り継がれる客船は二度と出ないのではないかと思います。引退後、ＱＥ２は紆余《うよ》曲折を経て、今ではドバイで「クイーン・エリザベス２」ホテルとして活躍しています。

# 28 中国発着とアラスカチャーター

２００９（平成21）年９月、アジア担当のトレイ・ヒッキーの上司でプリンセス・クルーズのセールス＆マーケティングのシニア・バイス・プレジデント（ＳＶＰ）のジャン・スワーツ（現プリンセス・クルーズ社長）の要請で、サンタ・クラリータのプリンセス・クルーズ本社でＩＳＡ（International Sales Agents）のミーティングが開かれました。プリンセス・クルーズの販売成績が良いドイツ、台湾、日本と南米のドミニカ共和国の４カ国のＩＳＡメンバーが招聘《しょうへい》され、各国の市場説明と今後の市場動向のプレゼンテーションを行いました。

ジャンはアジア市場に興味を持っていましたが、特に日本と台湾の市場に強い関心を示していました。当時は中国を筆頭に東南アジアの国々の経済成長が著しく、ライバルの米ロイヤル・カリビアン・インターナショナル（ＲＣＩ）はすでに２００７（平成19）年に「ラプソディ・オブ・ザ・シーズ」、２００８（平成20）年には「レジェンド・オブ・ザ・シーズ」を中国発着クルーズに配船していました。

プリンセス・クルーズのジャン・スワーツ氏（左から５人目），
トレイ・ヒッキー氏（右端）とISAメンバー（左から２人目が筆者）

一方、イタリアのコスタ・クルーズはそれより早く、中国市場を狙って２００６（平成18）年夏から「コスタ・アレグラ」を中国に配船していました。そしてこの頃から、中国人を乗せた上海からのクルーズ船が沖縄や九州の港に少しずつ寄港するようになり、数年後には寄港回数も急速に増えていきました。

２００８年秋のリーマン・ブラザーズ倒産に端を発した世界金融恐慌を乗り越え、日本のクルーズ市場にも変化が表れてきました。また、２００８年４月からBS朝日が毎週日曜の午後８時半から「世界の船旅」の放映を開始し、世界中のクルーズデスティネーションが紹介され、クルーズに対する日本人の関心や認知度も高まり始めました。

そして２００８年７月、阪急交通社福岡支店が日本航空（ＪＡＬ）便をチャーターしてアラスカクルーズを催行しました。当時としては画期的な商品ですぐに満席となり、８月には大阪支店が同様商品を販売し満席で催行。２０１１（平成23）年まで毎年ＪＡＬ便をチャーターし、アラスカクルーズを30本以上催行しました。

２０１１年９月にはイタリアのメリディアーナ航空をチャーターして関西国際空港から伊ベネチアへ、帰りはギリシャのアテネから関空に飛行機を飛ばし、「ルビー・プリンセ

阪急交通社主催「サファイア・プリンセス」メキシコクルーズが「クルーズ・オブ・ザ・イヤー 2010」を受賞。阪急交通社永迫さん（左から３人目），カーニバル・ジャパン泉さん（右から３人目）と筆者（左から２人目）

ス」の地中海クルーズを販売しました。ＢＳ朝日の「世界の船旅」のカメラマンもこれに同行し、コルフ島では、海から採取した塩を真っ白に精製し先祖代々続く手法でせっけんを作っている小さな家族経営のせっけん工場を取材したりと、思い出に残るクルーズでした。

次々とＪＡＬ便をチャーターしてクルーズ商品を企画したのは当時福岡支店、現在は東京本社で活躍する永迫昌代さん、その企画をバックアップしたのは本部長、現在の阪急交通社会長の松田誠司さんでした。

そして２０１０（平成22）年5月にはワールド航空サービスが創業40周年記念として3万総トンの小型ラグジュアリー船「シーボーン・オデッセイ」をチャーターし、地中海クルーズを催行したのも画期的でした。２０１０年にはＲＣＩが「レジェンド・オブ・ザ・シーズ」を日本のゴールデンウイーク期間中に横浜発着に配船し、積極的に日本市場をターゲットにし始めました。

その頃、事務所のある東京・京橋一帯の再開発が決まり立ち退きとなり、弊社も２０１０年10月に京橋から銀座コリドー街のビルに引っ越しました。当時は業績も順調で、「日本のクルーズ市場をリードしていくのだ」と、社員一同は自信と熱い思いをもってそれぞれの業務に励んでいました。

## 29

# 極秘で準備進めた日本発着

東京・銀座に事務所を引っ越した後の２０１１（平成23）年2月、プリンセス・クルーズのトレイ・ヒッキーが来日し、米ロイヤル・カリビアン・インターナショナル（ＲＣＩ）や他の客船会社とは異なり、プリンセス・クルーズはアジアにおいては中国ではなく日本市場をターゲットにクルーズ船を配船すると伝えました。私たち社員全員にとって思いがけない発表であると同時に、心弾むうれしい知らせでした。

当初は3万総トン級の「パシフィック・プリンセス」投入を予定しており、営業部課長を集めて早速スケジュールの検討を開始。小型クルーズ船の利点を生かし、沖縄・南西諸島を中心にしたクルーズや日本発着の南太平洋の島々を巡るクルーズを提案しました。しかし、本社から「パシフィック・プリンセス」では採算が合わないので7万総トン級の「サン・プリンセス」に変更するとの連絡が入りました。

当時、私たちは海外クルーズを専門に販売していたため、社員の誰もが国内の寄港地についてほとんど知識がありませんでした。とにかく、トレイを中心に邦船のスケジュール

「サン・プリンセス」

を徹底的に勉強し、日本の文化や歴史、自然を楽しめる1週間から10日の日程を横浜発着を基本に作成していきました。本社の日程担当のマネジャー、クリスタル・モーガンも来社し、私たちが作ったスケジュールが本当に運航可能かどうか、運航速度や時間を計算して、次々とスケジュールを仕上げていきました。

２０１１年３月11日。この日は日本旅行業協会（ＪＡＴＡ）の月例理事会が東京・虎ノ門のＪＡＴＡ本部会議室で午後３時から開かれる予定でした。虎ノ門のビルに到着したとたんにすごい揺れの地震に見舞われ、あまりに強い揺れのため恐怖で廊下の壁にへばりつくようにして体を支えるほどでした。午後２時46分ご

## 29 極秘で準備進めた日本発着

ろ、三陸沖で発生した地震（東日本大震災）でした。

急遽会議を中止し、全員帰社。とはいえ、交通機関はどこも不通となり、虎ノ門から日比谷公園を抜けて銀座の会社まで歩いて戻りました。日比谷公園には近所のビルから多くの人が逃れてきていました。オフィスビルのエレベーターも全て止まり、8階まで歩いて上がりました。地震の状況を確認しているうちに全ての交通機関が不通となり、帰宅どころではありません。薄暗くなり始めた5時ごろからプリンセス・クルーズのジャンをはじめ、取引先の海外の客船会社から次々と安否を尋ねるメールが入り始めました。パソコンにしがみつきながら、海外からの励ましの言葉に助けられ恐怖の一晩を過ごし、翌朝何とか動きだした地下鉄に乗り帰宅しました。

日本発着クルーズを計画していることは、他社に漏れないよう一切極秘で準備を進めていました。２０１１年９月初めにトレイ・ヒッキーが急遽来日し、営業担当の泉隆太郎と一緒に沖縄に飛び、そこでポートオペレーション担当のフェデリコ・コッツアーニとショアー・オペレーション担当のロブ・ロバーツと合流して寄港地選定が始まりました。彼らは2週間という短期間に沖縄本島、石垣、宮古島、福岡（博多）、五島列島、鹿児島、奄美大島、屋久島、種子島、熊本、別府、大分、大阪、函館、小樽と各港の視察だけでなく各地の観光スポットも巡り、早朝や夜遅くの移動もいとわず徹底的に集中して仕事をするその態度と体力には感嘆しました。

トレイが急に「飛鳥Ⅱ」のショートクルーズに乗船したいと言いだし、横浜―博多間の2泊3日のクルーズを予約しました。しかし、台風に遭遇して急遽神戸で下船。たった1泊2日でしたが、徹底して日本人のお客さまに必要なサービスを学んできました。11月下旬から12月にかけて再びフェデリコとロブが来日し、金沢、舞鶴、敦賀、境港、神戸、松山、高知、徳島などを視察しました。

日本海側の港にとって7万7000総トンの大型外国客船の受け入れはほとんど経験がありません。そんな中、真っ先に金沢港が受け入れを表明し、舞鶴港は浚渫を1年以内に行うと確約してくれ、日本海側の港に寄港する日本一周クルーズが決定しました。プリンセス・クルーズ本社は早く日本発着クルーズの商品発表を行いたいとの希望でした。

# 30 日本発着前に新会社設立

２０１１（平成23）年10月、プリンセス・クルーズのＣＥＯ（最高経営責任者）アラン・バクルー社長とジャン・スワーツ上席副社長が来日。「日本発着クルーズは『サン・プリンセス』（7万7０００総トン、乗客２０００人）で２０１３（平成25）年４月から7月の３カ月間行う。予約開始は米国と同様に出発18カ月前の２０１１年11月からにしたい」との要望を示しました。しかし、日本では一般的に予約開始は半年前、早くても1年前からです。何とかジャンを説得し、商品発表を２０１２（平成24）年３月に行い、予約開始は２０１２年４月からになりました。

同時に「プリンセス・クルーズの日本事務所を開設する。ついては20年以上日本で販売総代理店としてプリンセス・クルーズ、キュナード・ラインを販売していた木島さんに社長になってほしい」と依頼されました。

プリンセス・クルーズは２００３（平成15）年に世界最大手のクルーズ会社カーニバル・コーポレーションの傘下になったため、新会社名はカーニバル・ジャパンとなり、クルーズバケーションを休眠会社にして社員全員16人を新会社に移籍させ、カーニバル・ジャパンが２０１２年３月15日に発足しました。

カーニバル・ジャパンの登記上の社長はプリンセス・クルーズの社長アラン・バクルー、５人の役員はジャン・スワーツをはじめカーニバル・コーポレーションの各社の役員が名を連ね、日本人は私1人でした。

40人規模の会社にするというので、クルーズバケーションの事務所と同じ階に広い空室があったのを急遽借り、新事務所のレイアウトからオフィス家具の選択まで全てをトレイと２人で行いました。新しくセールス、予約、広報担当社員を

新会社「カーニバル・ジャパン」が2012年３月に発足した

募集し、その面接をまだ家具が一つも入っていない、だだっ広い部屋で実施したのも懐かしい思い出です。

日本市場をターゲットにした商品ということで、日本人客の不安を解消するために船内での日本語サービスの充実、日本食を含めた食事メニューの拡充、日本人を中心に日本語のできる従業員50人の採用、日本人すし職人がいる寿司レストラン「海（ＫＡＩ）寿司」のオープン、エンターテインメントプログラムにも日本の伝統的な出し物を加える――などが検討されました。

朝食には日替わりの焼き魚定食を用意し、夕食メニューには前菜とメインに必ず一品日本食を入れ、日本の炊飯器で炊いたご飯を欠かさず用意することにしました。日本食メニューの一つ一つ、その盛り付け、使用する食器の全てが映像で本社から送られてきて間違いがないか、おかしいところはないかと事前に確認していきました。船内の日本語表示、船内でお客さま用に配布する全ての日本語書類の文章が正しい日本語かどうかのチェック、お客さま接遇の際の言葉遣いに至るまで徹底して日本側に確認しました。

次々と本社から送られてくるこれら大量の業務を、私を中心に2、3人の社員でこなし、寝る暇もないほどの忙しさでした。プリンセス・クルーズが日本発着クルーズに懸ける強い思い、長期的視点に立った日本市場開拓戦略を社員一同しっかり受け止め、本社と緊密に連携し日本発着クルーズの成功に一丸となって取り組みました。

また、プリンセス・クルーズはチャリティー事業として各船で乳がんの啓発運動「ピンクリボン運動」の募金活動をしています。日本発着クルーズでも「ピンクリボン運動」のチャリティーをしてはどうかとの提案がありました。日本は当時、2011年3月11日に起こった東日本大震災で大変でした。私は「チャリティーをするならこの震災で被災した子どもたちを助けるところに寄付したい」と本社に進言し、「NPO法人カタリバ」に決まりました。

クルーズ中、お客さまにチャリティーウオークに参加していただき、その参加費を寄付するというプログラムです。そして、お客さまから預かった金額と同額の寄付金をプリンセス・クルーズが出す仕組みで、初年度は復興支援金として200万円の寄付をしました。今でもこのチャリティーウオークは継続しています。

# 31 日本発着、海事・港湾両局も支援

２０１２（平成24）年３月27日。プリンセス・クルーズのアラン・バクルーＣＥＯ（最高経営責任者）社長、ジャン・スワーツ上席副社長、カーニバル・ジャパン社長の私が主催する「サン・プリンセス日本発着クルーズ商品発表会」を旅行会社、港湾関係者、メディアを招待して行いました。アラン・バクルー社長はあいさつで、新しいデスティネーションに日本を選んだ理由を次のように述べました。

「日本は経済的にもゆとりのある65歳以上のシニア層が23％もいる。クルーズデスティネーションとしても日本には歴史、文化、自然と素晴らしい観光資源があり、今回は日本のお客さまのために特別に計画した最初のクルーズとなる。日本のクルーズ市場は潜在性が高いが未開拓である。われわれの日本発着クルーズによって劇的に日本のクルーズ市場が拡大することを期待している。そのためにも、この日本発着クルーズを10年間は継続する」

続いて、２０１３（平成25）年４月27日から７月14日に運航する横浜港発着の10日から

プリンセス・クルーズのバクルー社長（右端），スワーツ上級副社長（檀上）らと発表会（中央が筆者）

12日間のクルーズ商品（7コース、9出発日）を紹介。延べ１万８０００人の集客目標を掲げ、予約開始は２０１２年４月16日からと発表しました。すると邦船３社が「スワッ！黒船がやってきた」と反応。そして、「北海道周遊クルーズのコースがカボタージュ（国内海上輸送の自国籍船限定）回避のために室蘭からコルサコフに向かう際に国後水道を通るのは違法である」と日本外航客船協会（ＪＯＰＡ）を通じて抗議してきました。

国土交通省海事局からも当初は、「国後水道を通る場合、何か事故があった際には日本政府は助けを出せないから避けてほしい」と言われました。しかし、「今回は米国のクルーズ会社の客船で、乗務員は英国、米国など日本人以外であり、乗客も日本人を含めたインターナショナルな国籍」と説明。当時の海事局長だった井手憲文氏もカボタージュ適用外と明言してくださり、無事に日程変更をすることなく運航することができました。

横浜を出航し、釧路、知床半島（シーニッククルーズ）、コルサコフ、小樽、函館、青森、横浜と寄港する9泊10日の「北海道周遊とサハリンクルーズ」は、日本発着の一番の人気クルーズとなりました。

一方、瀬戸内海をクルージングするコースを設定するのも、当初からの願望でした。こませ網漁の合間を縫って何とかコースは設定しましたが、航行許可がなかなか下りません。思い余って神戸出航10日前に神戸市みなと総局（当時）の方にご同行いただき、内海水先区水先人会に赴き、航行許可を出していただくように懇願しました。航行予定日の天候や潮流を調べて「何とか行けるでしょう」と言われた時ほどホッとしたことはありません。

ただ、この瀬戸内海クルーズでは松山に寄港することになっていました。当時の松山港は外国客船受け入れに非常に慎重で、なかなか受け入れ許可が出ず、国土交通省港湾局の高田昌行課長（現港湾局長）にも助けていただきました。

5月27日に横浜を出航し、5月30日早朝に神戸港出港後は、交通量の多い中を常に汽笛を鳴らしながらゆっくりと進んでいきました。乗客のほとんどはデッキに出て、左右に点在する島々の、エーゲ海にも匹敵すると言われる美しい景色を眺め、世界一と評される赤い吊り橋の明石海峡大橋をくぐり、瀬戸大橋を抜け、しまなみ海道に架かる来島海峡大橋を首が痛くなるほど見上げて瀬戸内海の美しさを堪能しました。

圧巻は夕刻5時ぴったりに入港するようにと指示された松山港でした。松山港に着いた時は、周りの海や山々、船内、私達乗客の全てが明るいあかね色の夕日に染まり、まさに息を飲むほどの美しい光景でした。あかね色からぶどう色へと移り変わる夕日に包まれたあの感動は、今でも忘れられない思い出です。

外国客船による初の長期間にわたる日本発着クルーズで、社員一同は自信をもって販売にまい進しましたが、各クルーズを日本人だけで満席にするのは難しく、約3割は欧米人客となりました。魅力的な日程ではありましたが、10日から12日間という長い日程が日本人にとっては参加しにくかったのかもしれません。欧米人の参加者が30%にもなったということはプリンセス・クルーズにとっては想定外で、逆に日本発着クルーズが欧米人にも魅力的な商品であると改めて認識することになりました。

プリンセス・クルーズは外国船社として初めて日本発着クルーズを長期間にわたって運航したことが高く評価され、2013年9月に日本旅行業協会（JATA）が主催する「JATAツーリズム大賞2013」の「運輸部門優秀賞」を受賞しました。

32

# 追加投入で2隻体制に

２０１２（平成24）年３月の「日本発着クルーズ」の発表後まもなく、２０１４（平成26）年の商品企画が始まりました。２０１４年は「サン・プリンセス」に加えて11万６０００総トンの「ダイヤモンド・プリンセス」を投入し、２隻体制で運航期間も６カ月１８０日間に延長。集客人数も10万人を目指すという壮大な計画でした。三菱重工業長崎造船所で建造され、２００４（平成16）年に就航した「ダイヤモンド・プリンセス」を日本市場向けに大幅にリニューアルし、邦船並みの大浴場「泉の湯」と寿司レストラン「海（ＫＡＩ）寿司」を新たに加えての本格的な日本市場参入でした。

「ダイヤモンド・プリンセス」は「サン・プリンセス」に代わって４月から10月に横浜発着の10日間クルーズを５コース19本設定しました。「サン・プリンセス」は新たに神戸発着で「沖縄、石垣、奄美、台湾９日間」クルーズをゴールデンウイークから６月出発まで７本と、毎週土曜日小樽発着の「北海道周遊とサハリン８日間」を６月28日出発から９月13日出発便まで12本設定することになりました。この毎週土曜日発着のアイデアは、プリンセス・クルーズの夏の定番「アラスカ・クルーズ」のコンセプトを導入したもので、夏の北海道を満喫でき夏休みに最適です。月曜日から金曜日の5日間だけ休めば、現役世代でも楽しめる新しいフライ&クルーズ商品でした。

小樽—函館—室蘭—釧路—知床半島（クルージング）—網走—コルサコフ—小樽と回るこの新しい魅力的な商品は絶対売れる——と勢い込んでセールスを開始しましたが、思わぬ落とし穴がありました。この時期の北海道はベストシーズンで、どの航空会社も土曜日発着便は全便満席で席が取れません。大手旅行会社もこの時期は陸上ツアーに飛行機の席を回すので、クルーズ商品まで席が回ってこないのです。

そこでＡＩＲＤＯ（エア・ドゥ）航空に懇願し、何とか毎出発便最低50席を確保してもらい、「羽田—新千歳フライ&トランスファー」プログラムを設定しましたが、十分ではありませんでした。「北海道周遊とサハリン8日間」コースは毎便満席とはいきませんでしたが、成功裏に終了したのは、小樽市港湾振興課の皆さまの協力、特に管理課の佐々木雅一主査の献身的な働きと中松義治小樽市長の協力のおかげと感謝しています。

２０１３（平成25）年1月23日、「２０１４年日本発着クルーズ」の発表会をＣＥＯ（最高経営責任者）のアラン・バクルー社長とジャン・スワーツ上席副社長の主催で旅行会社、港湾関係者、メディア関係者約３００人を招待しホテルオークラで盛大に行いました。バ

小樽市の協力により，北海道周遊クルーズは成功した

クルー社長は「日本には潜在的なクルーズ顧客がいると確信し、２０１４年は2隻目の大型客船を投入して10万人の集客を目指し、飛躍的に拡大されたプリンセス・クルーズの商品が日本のクルーズ人口増加の一因となることを期待する」と述べました。さらに「２０１３年、２０１４年の2シーズンの日本発着クルーズは合計２００億円の経済効果があると予測している」とも述べました。また、「サン・プリンセス」の神戸発着に備え、大阪支店も開設して10万人体制を整えました。

２０１４年のシーズン最初の出発便は4月17日に横浜港を出る「世界遺産の地・済州島と台湾周遊」10日間。しかし、その前日の4月16日に韓国南部の沖合で旅客船「セウォル号」が沈没。修学旅行中だった高校生を含む299人が死亡するという大惨事が起こりました。この事故により、シーズンの出足をくじかれたと同時にクルーズは危険というイメージが広がり、しばらく自粛ムードになったのは残念でした。

また、8月31日出発予定の瀬戸内海クルーズは大型台風に遭遇する可能性があり、1週間前から本社マリーンオペレーション担当者と、台風が直撃した場合の避難港探しなど台風対策に追われました。結局、神戸港発を大阪港発に急遽変更し、台風を避けながら出港しました。

しかし、次港の済州島も台風で着岸できず横浜に戻りましたが、横浜税関はカボタージュ規制をクリアしていないので横浜港到着時に課税すると通告。キャプテンから「何とか課税回避する方法はないか」と聞かれました。国土交通省海事局外航課長に相談し、財務省の担当官を紹介していただき相談したところ、「韓国の領海に入ったという証明があれば無税にする」と言われ、船に連絡したところ「航海ログがある」というのでそれを提出し、無事に課税されずに済みました。

2014年12月には、日本外航客船協会主催の「クルーズ・オブ・ザ・イヤー2014」で、プリンセス・クルーズの日本発着クルーズが「グランプリ」を受賞しました。

# 33 クルーズバケーション再開

２０１６（平成28）年７月から、コスタ・クルーズが博多、金沢、舞鶴、境港、釜山に寄港する日本海側インターポーティングクルーズの運航を開始しました。子供料金無料サービスを打ち出してカジュアルな家族旅行をアピールしたことで、ますます外国客船による日本発着クルーズの認知度が高まりました。

「ダイヤモンド・プリンセス」はコストパフォーマンスが良く、楽に安全に日本観光を楽しめるというので欧米人の参加も年々増加し、50％は外国人というクルーズも増えてきました。２０１６年度の商品も決まり販売を開始し、ある程度目安が付いた２０１５（平成27）年６月に、私はカーニバル・ジャパン社長職を後任に譲り特別顧問となりました。

プリンセス・クルーズのアジア地区担当シニア・ヴァイス・プレジデント（ＳＶＰ）アンソニー・カウフマンからは「２０１６年６月まで１年間はいてください」と懇願されましたが、「ダイヤモンド・プリンセス」の日本発着クルーズの認知度も浸透し、もう十分にやったという思いがあり、２０１５年12月末で退社することにしました。

日本市場開拓に貢献したプリンセス・クルーズのアジア地区担当トレイ・ヒッキー、アンソニー・カウフマンの両氏が出席の下、全社員が送別会を開いてくれ、ジャン・スワーツ副社長までもがビデオメッセージで送別の辞を送ってくれました。その上、プリンセス・クルーズ本社でもアラン・バクルー社長、ジャン・スワーツ副社長主催の送別会を開催してくださり、日本発着クルーズに携わった各部署の社員30～40人から感謝の言葉を頂き、感無量でした。

30年余りにわたってプリンセス・クルーズの販売に携わった日々が、走馬灯のように懐かしく思い出されました。加えて日本発着クルーズがここまで定着したのは多くの方々、特に港湾関係の皆さんのご協力があったおかげだと感じています。10年ほど前、大型外国客船の受け入れは初めて――という港が多い中、どの港も積極的に受け入れをしてくださいました。発着港となった横浜や神戸をはじめ、北海道から九州・沖縄までさまざまな港の方々にお世話になりました。さらに、国土交通省港湾局や海事局の皆さんなど、数えきれない方々にご支援いただき、心から感謝いたします。

カーニバル・ジャパン退社後も港湾関係などでスピーチや原稿依頼があり、また日本のクルーズ市場を拡大したいという思いもあって2016年3月に休眠会社にしてあった「クルーズバケーション」を再開しました。同時に、クルーズが好きで、日本外航客船協

再開したクルーズバケーションのオフィス前で（左から５人目が筆者）

会（ＪＯＰＡ）認定のクルーズ・マスター資格を持っている意欲ある人々が集まってきました。そこで第一種旅行業の免許を取得し、クルーズ旅行専門の旅行会社として発足することになりました。

欧米では専門的知識を持って消費者に対応する地域に密着したクルーズ専門店の力が市場拡大に大きく寄与しています。日本では、地方に行くとクルーズの知名度はいまだ低く、クルーズを販売したいがどうしたら良いか分からないという旅行会社がまだたくさんあります。そこで弊社内に「クルーズ・ステーション」という窓口を作り、都市圏ばかりでなく地方の中小旅行業者を中心にクルーズの魅力を伝え、クルーズ販売のお手伝いをしています。

今、1989（平成元）年以来のクルーズブームといわれていますが、このブームをけん引しているのは外国客船と言っても過言ではないと思います。外国客船による日本発着クルーズ、外国客船の寄港によるインバウンドのクルーズ客が増加しているのです。

13話でも書きましたが、30年前の日本のクルーズ人口はドイツ、英国と同じ17万〜18万人でした。しかし、ドイツも英国も既に200万人を超えています。一方、日本は2018年時点で32万人。私が長い間飽きずにクルーズに関わっているのは、お客さまが確実に喜んでくださる旅行素材だからです。常に満足度の高い新しい商品の提供、購入しやすい環境づくり、日本発着クルーズのみならずカリブ海、アラスカ、地中海など海外の魅力あるクルーズの積極的な紹介を通じて、日本のクルーズ市場を拡大したいと思っているからです。そして、5年後には日本のクルーズ人口が100万人超えとなることを目指してこれからも微力を尽くしていきたいと思います。

# 思い出に残る命名式（本書書き下ろし）

P&Oクルーズ、プリンセス・クルーズ、キュナード・ラインなど外国船社の日本地区販売総代理店（GSA）を30年近く営んできました。その中で新造船誕生の際に行われる華やかな命名式に招待されて参列してきたことは、とても素晴らしい経験でした。

ご存じの方も多いかと思いますが、命名式は新造船が完成し、造船所から船主に引き渡される式で、その時に女性が金の斧で支綱を切断します。そして「この船を○○と命名します」と告げ、その後、船首から吊るしたシャンパン・ボトルを船体にぶつけ、航行の安全を願います。この命名者は伝統的に女性で、「ゴッド・マザー」と呼ばれます。輝かしい船出を祝う「ゴッド・マザー」は、伝統的に皇族や著名な女優が行ってきましたが、最近は各分野で活躍する女性たちが「ゴッド・マザー」を務めるようになってきました。

◇

私が参加した命名式の中でも特に印象に残る命名式のお話をしたいと思います。初めて参加した命名式は、すでに18話で書いていますが、１９９５（平成７）年４月６日、英サウサンプトン港で行われたＰ&Ｏクルーズの新造船「オリアナ」（６万９１５３総トン、乗客定員１７６０人）の命名式でした。

当時Ｐ&ＯクルーズはThe Peninsular and Oriental Steam Navigation Company の傘下でした。同社の会長であるスターリング卿とＰ&Ｏクルーズ会長のティム・ハリス氏の連名で、命名者となる英国女王とエディンバラ公ご臨席の命名式招待状が届いた時は興奮しました。招待状は金の縁取りが付いた厚手の用紙に筆記体で書かれたもので、非常に格式の高い

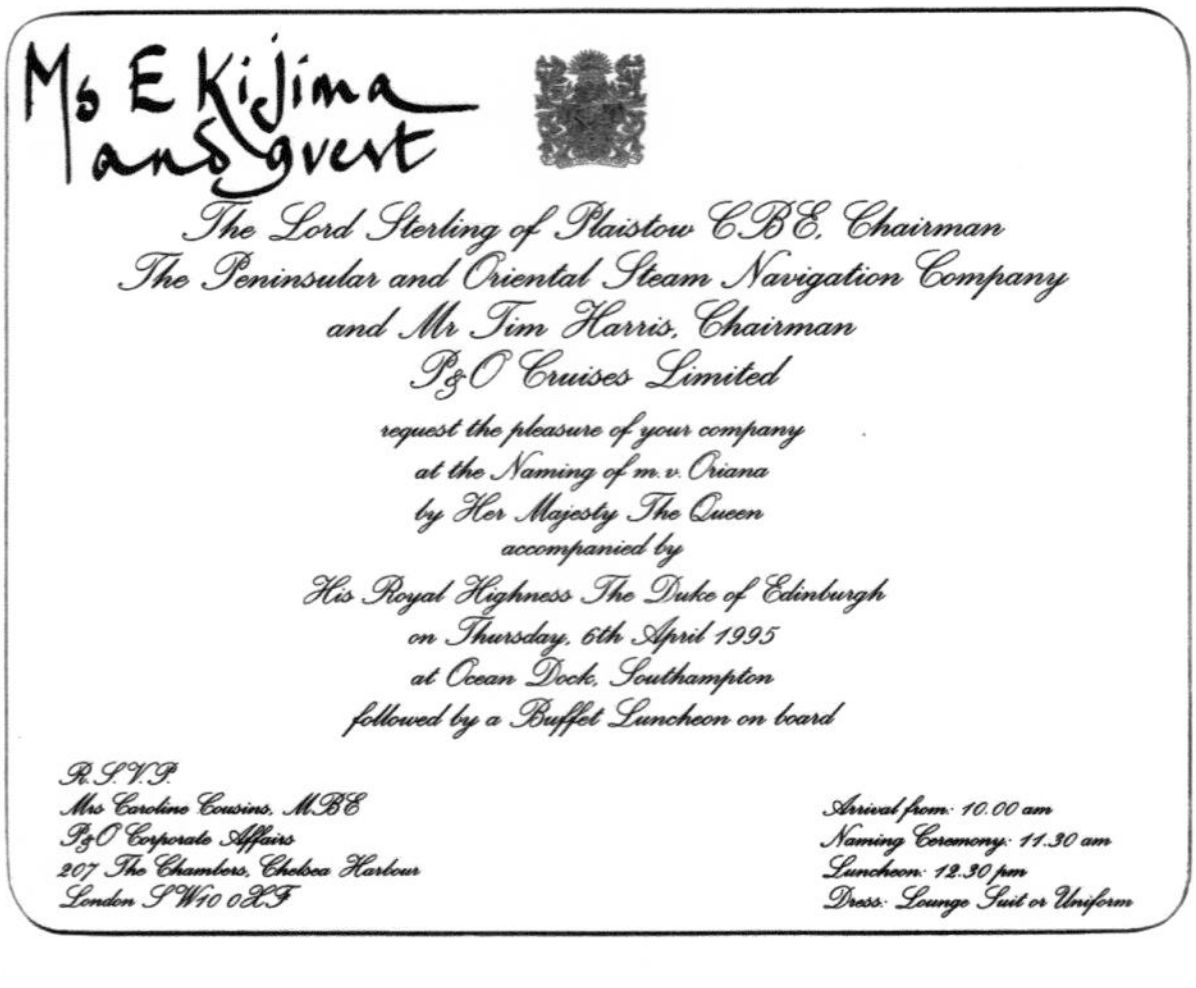
Ms E Kijima
and guest

The Lord Sterling of Plaistow CBE, Chairman
The Peninsular and Oriental Steam Navigation Company
and Mr Tim Harris, Chairman
P&O Cruises Limited

request the pleasure of your company
at the Naming of m.v. Oriana
by Her Majesty The Queen
accompanied by
His Royal Highness The Duke of Edinburgh
on Thursday, 6th April 1995
at Ocean Dock, Southampton
followed by a Buffet Luncheon on board

R.S.V.P.
Mrs Caroline Cousins, MBE
P&O Corporate Affairs
207 The Chambers, Chelsea Harbour
London SW10 0XF

Arrival from: 10.00 am
Naming Ceremony: 11.30 am
Luncheon: 12.30 pm
Dress: Lounge Suit or Uniform

金の縁取りが付いた筆記体で書かれた招待状

ものでした。英国女王が参列する式典に参列できるのかと、とても光栄に感じ、また、この伝統ある式典にどんな服装をしていったらよいのかと心配になったものです。

とりあえず紺色のスーツを用意していきましたら、女性参列者は帽子と長い手袋着用となっていて、あわてて「ハロッズ」に飛んで行き、帽子と白の長い手袋を購入したのもよい思い出です。女性は赤、白、ピンクやグリーンと華やかな色彩のスーツ、ワンピースに素敵な帽子、男性もダークスーツに蝶ネクタイ、帽子を手にした方も多く英国の社交界の雰囲気に満ち、写真で見るアスコット競馬場を彷彿させるものでした。

記念の昼食会が終了し、女王陛下とフィリップ殿下が参加者の中にお出ましになるのを間近に拝見し、参列者の皆がカメラを向けても

あわてて購入した帽子をかぶって

にこやかな笑顔で接していらっしゃるのに感激しました。私も他の人と一緒に一枚写真を撮らせていただきました。

　P＆Oクルーズの「オーロラ」の命名式も深く印象に残った素敵な式典でした。「オーロラ」（7万6152総トン、乗客定員1868人）は2000（平成12）年4月27日にアン王女によって命名されました。式典では4頭立ての馬車に乗った「暁の女神オーロラ」の入場から始まり、赤いガウンを着た英国国教会の司祭によるお祈り、英国海兵隊の演奏、海運関係に従事する人々の協会への励ましなどの後にアン王女が「この船をオーロラと命名します」と宣言し、シャンパン・ボトルにつながる綱を引いて船体に打ち付けたと思いきや、ボ

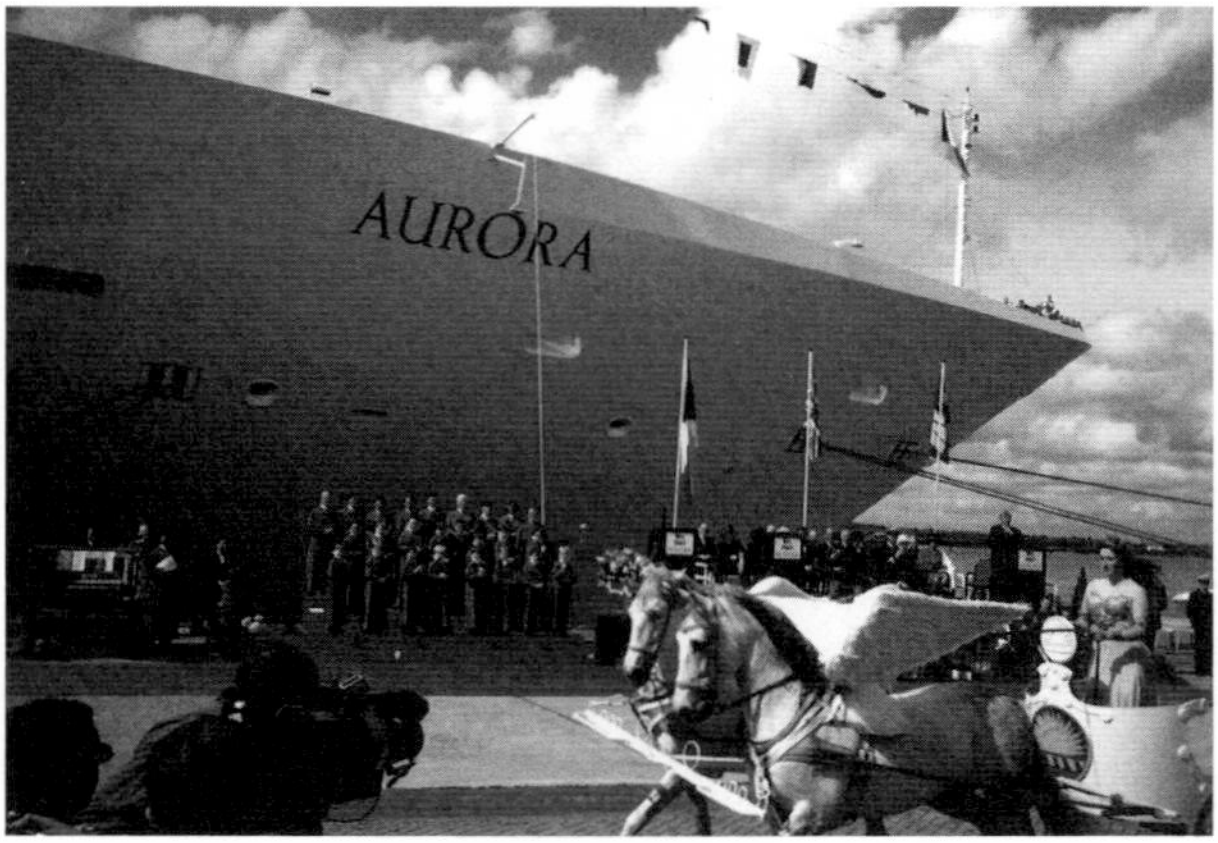

馬車に乗った「暁の女神オーロラ」登場

トルはストンと海に落ちてしまいました。

慌てたのはアン王女です。すぐ船体に近寄って海をのぞき込み、落ちたボトルを探していた姿が今でも瞼に焼き付いています。というのも、ボトルが上手に割れないと悪いことが起こると言い伝えられているからです。案の定、その伝説通り5月1日、処女航海として地中海クルーズに出航した「オーロラ」は、3日後にプロペラシャフトの損傷でクルーズを中止し戻ってきてしまったのです。

「オリアナ」も「オーロラ」も世界一周クルーズの途中で横浜港に何回か寄港しました。両船とも船尾に客室がある今の大型客船とは異なり、各階の船尾に広いデッキがあり、ゆっくりとお茶を飲みながら海を眺めクルーズを楽しむことができるとても優美な船体の客船で、日本人にも大変人気がありました。「オリアナ」が２０１９（令和元）年に中国に売却されてしまったのは残念です。

◇

１８３７年に創業したＰ＆Ｏクルーズと、最初に大西洋を横断する郵便船として１８４０年に創業したキュナード・ラインは、お互いに約１８０年の歴史を持つ英国を代表する２大客船会社でした。丁度、日本郵船と商船三井、ＪＡＬとＡＮＡのような関係でした。

私がP&OクルーズのGSAをしていたころは両社のオフィスはロンドンの中心にあり、通りを挟んで向かい合わせでしたが、社員はお互いに口もきかないと言われているほどのライバル会社でした。キュナード・ラインは1998（平成10）年に米カーニバル・コーポレーショングループの一員となりました。そして、2003（平成15）年、当時P&O傘下だったP&Oプリンセス・クルーズがカーニバル・コーポレーション傘下になると、P&Oクルーズもカーニバルに組み込まれてしまいました。かつてのライバル会社は今では姉妹会社としてサウサンプトンで同じビルの中に事務所を構えています。隔世の感があります。

◇

そのキュナード・ラインの新造船命名式には2度参列しました。最初は「クイーン・ヴィクトリア」（9万49総トン、乗客定員2014人）の命名式です。

寒い真冬の2007（平成19）年12月7日、サウサンプトン港での命名式は、大きな黒いテントの劇場「The Royal Court Theater」が作られ、その中で行われました。ヴィクトリア女王の時代にはロンドンにはたくさんの劇場が建てられ、今でも当時の劇場が残っていてロンドンは劇場文化の街としても有名です。黒テントの劇場内の通路は赤い絨毯が敷かれ、階段状の椅子席も赤でした。まさに、キュナードカラーの赤と黒の装飾です。参列する女性のお客さまの多くは赤のスカーフやマフラー、赤が入ったドレスに黒い帽子や手袋など、男性も女性もどこかにキュナードカラーの赤と黒を使ったお洒落をしているのが印象的でした。

命名式の前にヴィクトリア女王時代に人気があったミュージックホール形式のミュージカルドラマ「Victoriana」を上演しました。会場のお客さまも一緒に歌ったりしてとても楽しいショーでした。命名者はチャールズ皇太子のお妃、コーンウォール公爵夫人カミラでした。カミラ夫人は命名式の2年前にチャールズ皇太子と結婚し、常にダイアナ妃と比較され、なかなか国民の敬愛を受けることができない状況でした。一方で、とても知的な女性との評判もありました。カミラ夫人が「こ

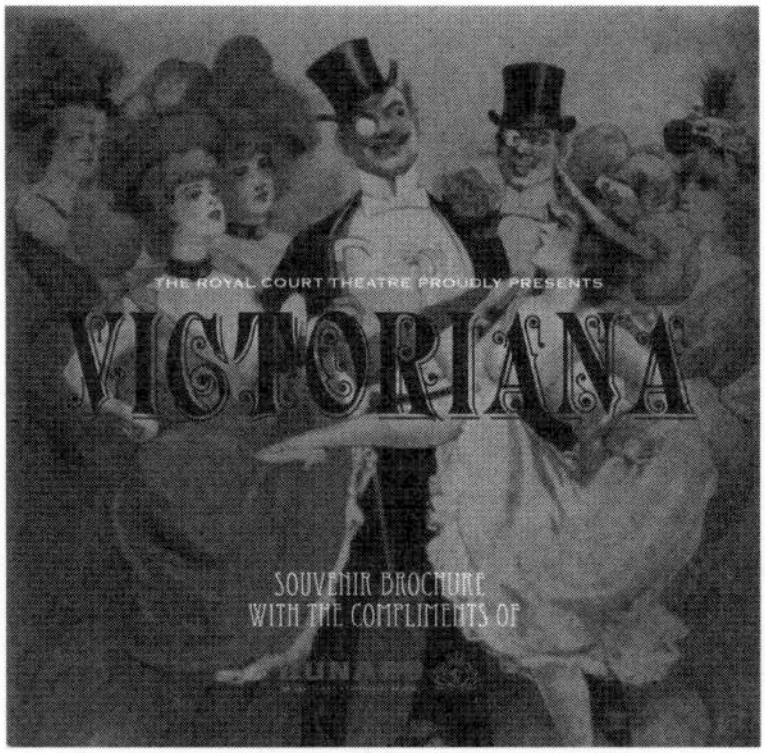

ヴィクトリア女王時代のシアターを彷彿させるミュージカル「Victoriana」のパンフレット

の船をクイーン・ヴィクトリアと命名する」と宣言すると、舞台うしろのテント幕がサーと開き、そこに「クイーン・ヴィクトリア」の真っ白な船体が出現しとても劇的な瞬間でした。

日本で最も人気が高い外国客船の代名詞だった「クイーン・エリザベス2」が2008（平成20）年3月に引退後、建造されたのが「クイーン・エリザベス」（9万400総トン、乗客定員2092人）です。2007年に就航した「クイーン・ヴィクトリア」と同型の姉妹船です。

命名式は2010（平成22）年10月、「ゴッド・マザー」はエリザベス女王でした。すでに80代のご高齢でしたが、紺色のコートドレス姿で船長と一緒にブリッジ内を見学されている映像が船の前の観覧席にいる参列者にスクリーンを通して流されていました。その時、小さな汽笛の音がして式が始まったのかと思ったら、女王がブリッジにあるボタンを押してしまったので、慌てて首を竦めている映像が映りました。女王はとても茶目っ気のある可愛らしい方でした。式典には、やはり80歳を過ぎたサッチャー元首相も明るいブルーのスーツにヒールをはいて颯爽として参列されていました。

◇

プリンセス・クルーズでも新造船が誕生する度に命名式が行われ参列してきました。アメリカの命名式は英国のそれとは違って非常に明るい開放的なもので、命名者も女優や人気歌手たちで参列者の服装もとてもカジュアルでした。プリンセス・クルーズを一躍有名にした伝説のTV番組「ラブボート」の出演者は「シー・プリンセス」の命名者となりました。

1998（平成10）年5月26日にニューヨーク港で行われた「グランド・プリンセス」（10万7517総トン、乗客定員2606人）の命名式も忘れられません。「グランド・プリンセス」は当時としては世界最大の客船でした。命名者はアメリカの女優オリヴィア・デ・ハヴィランド。今では彼女の名前を知っている方はほとんどいないと思いますが、彼女はあの有名な映画「風と共に去りぬ」の中でヴィヴィアン・リーが演じるスカーレット・オハラが恋焦がれるアシュレーの妻となる、貞淑で優しいメラニーを演じていました。学生時代にはクラーク・ゲイブル演じるレット・バトラーと、レスリー・ハワードが演じるアシュレーとどちらが好きか大騒ぎをしたものです。彼女はすでに80歳を過ぎていましたが、映画の中の淑やかで芯のあるメラニーそのままの素敵な方でした。

当時のプリンセス・クルーズは英国の The Peninsular and Oriental Steam Navigation Company の傘下でしたので、招待状も金縁の素晴らしいもので、挨拶もP＆Oクルーズの会長、スターリング卿でした。

2004（平成16）年2月に長崎で行われた「ダイヤモンド・プリンセス」（11万6000総トン、乗客定員2706人）の命名式も忘れられません。ご存じのように「ダイヤモンド・プリンセス」は建造中に火災が起こり、同時期に建造していた姉妹船「サファイア・プリンセス」と名前を交換して何とか当初予定の2月の就航に間に合わせた客船です。困難を乗り越えて迎えた命名式は、発注したP&Oクルーズ、建造に関わった三菱重工業長崎造船所のすべての人々、プリンセス・クルーズ、そして日本のクルーズ関係者にとっても待ちに待った式典でした。

当日は透き通るような青空が広がり、2月とは思えない暖かい晴天に恵まれ、明るい前途を祝福するような一日でした。命名者は三菱重工業社長夫人、佃芳子さん。着物姿で高らかに「この船をダイヤモンド・プリンセスと命名します」と告げると、鳩が一斉に放たれ感無量でした。就航から10年後の2014（平成26）年春から日本発着クルーズを開始し、日本人にクルーズの楽しさを伝えて6年。多くのクルーズファンを育ててきましたが、2020（令和2）年2月に船内で新型コロナウイルス感染が発覚し、横浜港に係留されて毎日のようにテレビやニュースで報道され「クルーズ旅行」が敬遠されるようになったのは本当に残念です。

２０１３（平成25）年、２代目の「ロイヤル・プリンセス」（14万１０００総トン、乗客定員３５６０人）が誕生しました。１９８４（昭和59）年に竣工した初代「ロイヤル・プリンセス」（４万４３４８総トン、乗客定員１１８８人）は故ダイアナ妃によって命名されました。２代目の「ロイヤル・プリンセス」は、故ダイアナ妃の長男ウイリアム皇太子のお妃、ケンブリッジ公爵夫人キャサリンによって命名されました。２０１３年６月13日にサウサンプトン港で行われた命名式は晴天に恵まれ、英国海兵隊の演奏の後、キャサリン王妃がウイリアム王子と一緒にリムジンで到着。妊娠９カ月の身重にもかかわらず、白黒模様のワンピースに７センチはあるハイヒールを履いて、拍手の中を颯爽と式台に１

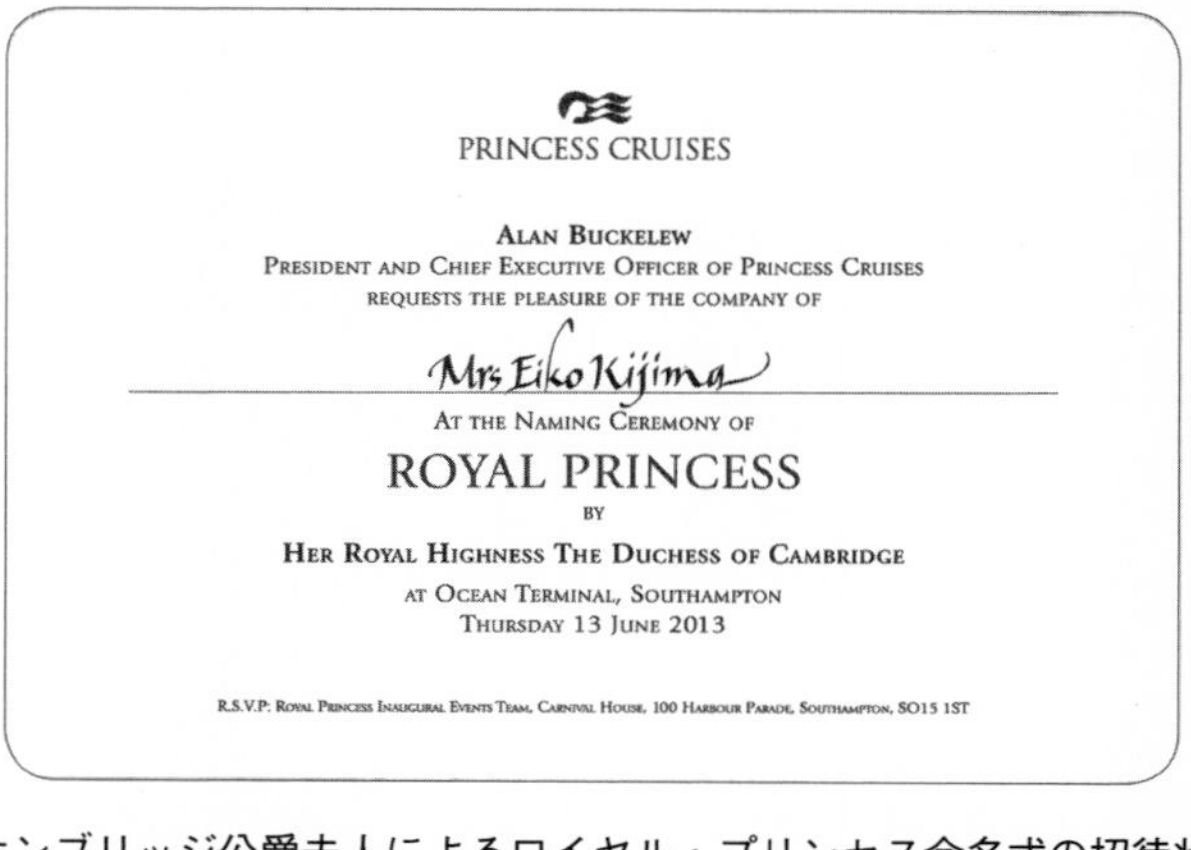
PRINCESS CRUISES

ALAN BUCKELEW
PRESIDENT AND CHIEF EXECUTIVE OFFICER OF PRINCESS CRUISES
REQUESTS THE PLEASURE OF THE COMPANY OF

Mrs Eiko Kijima

AT THE NAMING CEREMONY OF
ROYAL PRINCESS
BY
HER ROYAL HIGHNESS THE DUCHESS OF CAMBRIDGE
AT OCEAN TERMINAL, SOUTHAMPTON
THURSDAY 13 JUNE 2013

R.S.V.P: ROYAL PRINCESS INAUGURAL EVENTS TEAM, CARNIVAL HOUSE, 100 HARBOUR PARADE, SOUTHAMPTON, SO15 1ST

ケンブリッジ公爵夫人によるロイヤル・プリンセス命名式の招待状

人で歩いて行く姿には感動しました。日本の皇室ではとても考えられないことです。妊娠9カ月とは思えない明るく快活な笑顔のキャサリン妃の命名によって「ロイヤル・プリンセス」の前途洋々な船出が約束されたようでした。

皇族の女性や著名な女優が中心だった命名者も、最近は男性やその時々の話題の人、影響力のある人が務めるようになってきました。２０１９（令和元）年12月に誕生した「スカイ・プリンセス」（14万４６５０総トン、乗客定員３６６０人）の命名式（２０２０年1月）では、米国の宇宙計画のパイオニアＮＡＳＡの宇宙飛行士キャサリン・Ｐ・ハイヤシットとＮＡＳＡのエンジニア、フランシス・ノースカットの女性2名が命名者となっています。

◇

ドイツのハパグロイド・クルーズの新造探検船「ハンセアティック・インスピレーション」（1万５６５０総トン、乗客定員２３０人、極地では１９９人）の命名式は、２０１９年10月11日午後8時半からエルベ川河畔のハンブルグ港で行われました。命名者は、16歳4カ月の若さで単独でヨットを操り世界一周を成し遂げた最年少の女性、ローラ・デッカーでした。船の横に特設されたポンツーンから伝統のシャンパン・ボトルを見事に当てて命名式が終了すると、真っ黒な闇の中に「ハンセアティック・インスピレーション」

の胴体一杯にプロジェクションマッピングで南極、北極、アマゾンなど同船がクルーズで訪れる極地の風景が映し出されました。命名式に招待されたお客さまは、搭載されている17台のゾーディアックボートに乗り移り、真っ暗な海からまるで南極や北極の氷の海や、アマゾンの熱帯雨林の中をクルーズしているかのような雰囲気を味わいました。

# 私と海外旅行（本書書き下ろし）

私が最初に入社したのは、海外旅行専門の旅行会社「ニュー・オリエント・エキスプレス」（現在のエヌオーイー〈ＮＯＥ〉）でした。私が海外旅行に興味を持ったのは、当時の人気テレビ番組「兼高かおるの世界の旅」の影響が大きいと思います。１９５９（昭和34）年から始まったこの番組は、当時のパン・アメリカン航空を使って世界中を紹介する旅番組で、毎週日曜日の朝は欠かさず見たものです。私の周りの同級生たちはもちろん、業界に入ってもほとんどの方がこの番組に触発されて海外旅行を夢見たといわれるほどの人気番組でした。私も「いつかは海外旅行に行きたい」と思っていました。約50年にわたるクルーズ旅行を振り返ったついでに、私が海外旅行に携わった50年も振り返ってみたいと思います。

◇

私が最初に行った海外は香港でした。会社が女性社員４～５人を順番に香港に研修に出したのです。有名な映画「慕情」の舞台になった香港島の景勝地レパルス・ベイの洒落たカフェで、ナット・キングコールが歌う「Love is a Many Splendored Thing」を聴きながら、お茶を楽しんだのが良い思い出です。当時、地方の信用金庫では旅行積立金という貯金プログラムを行っており、ニュー・オリエント・エキスプレスはその旅行の企画・手配をしていました。

当時の旅行のほとんどは、航空機をチャーターした香港や台湾への旅行でした。ハワイにもチャーター旅行を何回か催行し、女性社員も交代でハワイ旅行に参加しました。ハワイの女性は「ムームー」というドレスを着ているというので、ハワイに行ったことのある社員が中心となり急遽自前でムームーを作って参加。カピオラニ公園でムームーを着て記念写真を撮ったのが思い出です。当時のニュー・オリエント・エキスプレスは若い女性社員を次々と海外に出す最先端の会社でした。

◇

私が初めて1人で海外旅行に出たのは、入社4年目の冬休み中でした。ニュー・オリエント・エキスプレスでは、入社3年以上の社員は年度末に未使用で残ったADチケット（Agent Discount Ticket）を希望すれば使用できるという制度がありました。当時の航空会社は、旅行会社の社員が業務出張や添乗で使う航空券を正規運賃の25％で使えるＡＤチケットを発行していました。早速、会社に申請したところ、若い女性の一人旅は危険だからダメだと言われてしまいました。そこで、嘱託社員で、ご子息がパリにいるという先輩女性に相談すると、それでは一緒に旅行しましょうとなり、ようやく会社の許可を得て１９６９（昭和44）年12月末から翌年１月にかけて２週間、ロンドン、パリ、ローマ、マドリッドと巡りました。

最初のロンドンは私１人。大英博物館はもとより、ハイドパークやバッキンガム宮殿など名所旧跡を歩き回りました。夕方、１人でパブで食事をしていた時です。隣に座ったイタリア人らしい男性が、どこから来たの、何しているの、これからどうするの――など、いろいろ聞いてきました。外国人は優しいが気を付けろ――と散々言われて出てきた旅行です。これはまずいと思い、「次の約束があるから」と平静を装いながら、内心ドキドキ緊張して小走りにその場を立ち去りました。今にして思えば、そんなに慎重になる必要はなかったのかもしれませんが、忘れがたい思い出です。

翌日、ロンドンを発ってパリの先輩女性と空港で落ち合うことになっていました。しかし、私が乗った飛行機は天候不順のせいで予定のオルリー空港ではなく、ル・ブルジュ空港に到着してしまいました。今であれば携帯電話ですぐ連絡が取れるのですが、当時は連絡の仕様がありません。とにかく、何とか先輩女性の息子さんのアパルトマンまで雨の中をバスとタクシーを乗り継いで辿り着きました。しかし、夕方だというのにアパルトマンには灯りが見えないのです。恐る恐る中に入ると、通路に灯りがポッと点きました。そこを離れるとまた灯りは消えてしまい、次の通路に進むと灯りが点きます。フランス人は非常に質実と聞いていましたが、まさにその通りでした。息子さんの部屋の前で待っていると、ようやく心配顔をした彼女と会うことができました。

パリの後、２人でローマに向かいました。地図を頼りに街の中を散々歩き回り、彼女が疲れたので先に帰ると言って私１人となりました。１人で気兼ねなく歩き回ることができると喜んでいると、何だか誰かが後を付けているような気配を感じ、ショーウィンドーのガラスに後ろの様子を映してみると、若い男性が付いて歩いてくるではありませんか。イタリア人にはくれぐれも注意するように――と会社から出発前に言われていたので、速足で右に左にと路地を曲がって歩き続けましたが、相変わらず後ろを付いてきます。だんだん怖くなってきた時、丁度ポポロ広場に出てそこに止まっているタクシーに飛び乗りホテルに戻りました。件の男性はあっけにとられたようにこちらを見ていました。彼にとっては何も悪いことをした訳でもなく、若い女性が１人で歩いていてはつまらないだろうと気を利かせたのでは――というのが帰国後の同僚の意見でした。これも今では笑い話です。

ローマの後にはマドリッドに行きました。ここでの一番の思い出は、夕食の時間でした。散々昼間歩き回った後、お腹を空かせて先輩女性と夕食に出かけると、どこも夜9時以降しか開きません。やっと開いたレストランで夕食をし、ホテルの部屋に戻るともう夜中の12時。それぞれ国や場所によって、いろいろな習慣やマナーがあることを実感しました。

しかし、この経験は後の海外旅行の添乗に役立ちました。1970年代、1980年代のヨーロッパ旅行は14日～21日の長い日程で英国、フランス、ドイツ、スイス、イタリア、スペインと主要ヨーロッパの都市を巡る周遊旅行でした。飛行機も南回り便で、羽田を発って香港、バンコク、シンガポール、ボンベイ、ドバイ、アテネと、ほとんど4時間おきに給油のために着陸します。再搭乗すると、どこもご自慢のフルコースの食事が出て寝る暇もありません。ヨーロッパ最初の都市アテネまでは26～27時間かかったのではないかと思います。そこからまた乗り換えてロンドンやパリに行くのですが、ほとんどが早朝に到着します。着くとすぐ市内観光に出発。とにかく、お客様さまにとっては大枚を払っての初めての海外旅行ですから。

ある時、ロンドンの昼食時にお客さまがフォークとナイフを振りかざし、「早くサービスしろ」と騒いだことがありました。ヨーロッパでは、食事は一皿一皿順番に出てくるので時間がかかります。お客さまは、早く食べて午後の観光に出発し、観光名所は一つでも見逃すことなくすべて見たいとの思いが強かったのです。また、ショッピングも凄まじいものがありました。パリやロンドンでの有名ブランド品、ジュネーブやチューリッヒでの高級時計の購入など、近年の中国人の「爆買い」と同じような状態でした。

ジュネーブで開催されたロータリークラブ年次大会参加のツアーに添乗員として同行した時のことです。出発前に空港で自己紹介をした時、お客さまから「あなたのような20代そこそこの若い娘さんが添乗で本当に大丈夫なのか」と、不安そうに厳しい口調で詰問されました。その時はすでに30歳前後でしたが、ほとんどのお客さまにとっては初めてのヨーロッパ旅行です。当時のお客さまは1から10まですべてを添乗員に託していたのです。無事にツアーを終えて帰国すると、多くのお客さまから達筆で丁重なお礼の手紙を頂きました。当時はお客さまと添乗員との間の信頼関係は今以上に濃厚でした。最近の添乗員は旅程管理者として、ツアーが日程通りに進行しているかを管理する役目が中心になっているようです。また、海外旅行経験者のお客さまも増えて、添乗員が手取り足取りお客さまのお世話をする必要もなくなってきたのかもしれません。

◇

旅というと、今は楽しいイメージですが、巡礼の旅の時代から旅（travel）には苦痛や苦労（trouble）がつきものと言われています。Trouble でなくても思いがけない Happening があるのも旅です。現在のように旅程管理が厳しい旅行では許されないかもしれませんが、１９７０年代から１９８０年代のおおらかな時代に私が添乗中に経験した Happening のいくつかを紹介しましょう。

最初は大阪交響楽団の後援によるヨーロッパ旅行でした。この旅行は世界的な名ピアニスト、クラウディオ・アラウがボンで行う学生のための1週間のピアノレッスンに参加し、修了証書をもらうというのが第一目的でした。欧米の学生と一緒に日本からも数名の学生が参加し、一人一人アラウに演奏を聴いてもらい指導を受けました。残念ながら日本の学生は皆1次レッスンで終わってしまい、その後は欧米からの学生が2次、3次と進み最終的にはスイス人の学生が優秀賞を取り、最後に演奏会をしました。

1次で終わってしまった学生たちは、その後のレッスンには出てきません。1週間参加した証拠の修了証書をもらうのが目的でしたから、私が学生の代わりに毎日ホテルのあるケルンからボンまで電車で通い証書を受け取りました。私にとってはアラウのピアノレッスンを直に見られたということは最高の幸せでした。

この後は通常の観光が始まりました。日本の出発地、伊丹空港でお母上から「どうぞうちの娘に間違いがないようよろしくお願いします」と深々と頭を垂れて頼まれたお嬢さんが、ある晩ホテルに戻ってこないのです。同行の人に聞くと、どうやら昼間のツアーのバス運転手とどこかに行ったのでは、ということでした。当時の欧米ではバスの運転手もお客がバスを降りる時に優しく手を取って助けてくれました。若くてハンサムな運転手だと、女性客は日本にはない親切なサービスに慣れないので舞い上がってしまうのです。とにかく、その晩はまんじりともせず彼女の帰ってくるのを待ちました。ケロっとして朝食に出てきた彼女のことを、空港でお会いしたお母上になんと伝えたらよいのか迷いました。

北欧バルト海旅行に添乗した時です。オスロからコペンハーゲンに戻るフェリーの船内で、お客さまと美しい海を眺めながらデッキで談笑していた時に1人の紳士がどこから来たのかと話しかけて来ました。フィヨルド観光をしてこれからコペンハーゲンに戻ると伝えたところ、時間があるなら、ぜひ自宅にお茶でも飲みにいらっしゃいと誘ってくださったのです。全員は無理だから10人くらいとなり、女性客だけで出かけました。何もないけれど――と奥様がお茶と手作りのクッキーを出してくださり、バラの花が咲く緑の芝の美しい庭で、お互い言葉のあまり通じない中、身振り手振りと笑顔で楽しい時間を過ごしました。旅の途中で一般の方のお宅にお邪魔する機会などめったにありません。急に旅の思い出が膨らんだように感じました。

モロッコに旅行した時です。カサブランカでの一日観光が午後4時ごろに終了しました。すると、ドライバーガイドが「まだ外は明るいのでホテルに戻るには早い。僕たちの行きつけの所に案内するが来ませんか」と言ってきました。お客さまに相談すると、ぜひ行きましょうとなり、出かけました。そこは土地の人たちが集まる「バール」のようなところで、ドライバーや労働者風の男たちがカウンターの前で立ち飲みを楽しんでいました。私たちもビールや小魚のフライ、ピーナッツなどのおつまみを注文し、日本からのお客さまだ――と歓迎されて男性グループはすっかり土地の人たちと意気投合していました。驚いたことに、彼らは食べ残した小魚の骨やしっぽ、ピーナッツの殻などをポンポンと足元に落としているのです。足元を見ると、食べカスがいっぱい。これがこの土地の食べ方だよ――と笑って答えてくれました。それぞれの土地の日常生活にふれるというのも旅の忘れがたい思い出の一つです。

◇

私が2番目に勤務した会社は、ヴィーヴルです。1977(昭和52)年から1992(平成4)年まで15年勤務しました。この会社はすでに紹介しましたが、アメリカの著名な探検旅行家ラース・エリック・リンドブラッドと組んで、当時としては非常に斬新な旅行を提供して注目された会社です。旅の目的「生きる喜びを追求する旅」をテーマに南極、エジプト、中近東、アフリカ、南米方面の旅行を少人数の高品質な商品で提供しました。私は企画、手配という部署で商品企画と現地手続きをしていました。

１９８２（昭和57）年には「クルーズ・インターナショナル」という別会社を設立し、今はないロイヤル・バイキング・ライン、プリンセス・クルーズなどの客船会社のクルーズ商品を販売しました。その年に、フィリピンの島々を巡る「トロピカル・アイランド・クルーズ」を自主運航した件はすでに述べました。１９８０年代、１９９０年代当時のヴィーヴルの主な商品は「ケニアの動物サファリ旅行」、エジプトの「ナイル川クルー

エジプトのピラミッドをバックに（右が筆者）

ナイル川ファルーカでのクルージング

ズ」、ヨルダンのペトラ遺跡やシリアのパルミラ遺跡といった古代遺跡巡りや、チチカカ湖、ナスカの地上絵、マチュピチュ遺跡、イースター島などを巡る「南米の謎ツアー」、そして「南極旅行」などでした。

◇

当時のケニアの首都ナイロビは治安も悪かったので駐在員を常駐させ、リンドブラッド・トラベルの手配で旅行を催行していました。サファリ・ツアーにはケニア代表のボクシング選手としてオリンピックに出場したという経歴を持つ日本語の上手なケニア人、ピーターがサファリ・ツアーのガイドをしてくれていました。陽気で責任感の強い彼の人気は抜群でした。マサイマラ国立保護区やキリマンジャロ山の麓のアンボセリ国立公園などの広い草原の中を、早朝からキリンや象の群れ、獲物をジーと狙っているライオンなどを追ってサファリするのは爽快でした。夜になるとロッジの周りは真っ暗。マサイ族の警備員の目だけが光るような暗闇です。

ある時、お客さまから「ロッジの窓を象が鼻でたたき恐怖でベッドから転げ落ちた」と報告されたこともありました。とにかく、素晴らしいのはケニア人のサファリ・ガイドたちの視力です。とても私たちでは見えない100メートルくらい先のブッシュにいる動物を見つけてジープを走らせるのです。彼らの視力は2・5とか3・0くらいあるのではないでしょうか。

ケニアのマサイ部落で（中央３人の女性の真中が筆者）

お腹を空かせたライオンが突然猛ダッシュで走り出し、逃げ惑うインパラを仕留め口の周りを真っ赤な血で染めながらムシャムシャと食べている光景に、弱肉強食の現実を思い知らされます。しかし、お腹が空いていない時の、ジッと静かに遠くを見ているライオンの姿は、さすがに百獣の王の威厳が漂っていました。

1980年代にナイロビに行くには、英国航空の南周り便でセイシェルに行き、そこからケニア航空に乗り換えて向かいました。インド洋に浮かぶ115の島々からなる熱帯のセイシェル諸島は「インド洋の真珠」とも讃えられています。首都のある最大の島、マヘ島の空港に早朝到着し、舗装もされていない狭い道を首都のヴィクトリ

セイシェルのラディーグ島でお客さまと（右が筆者）

アまで行き、1泊して翌日ナイロビに向かいました。セイシェルにも駐在員を常駐させ、ナイロビへの行き帰りに立ち寄るだけでなく、エメラルド色の海と真っ白な砂浜に囲まれている美しい島々にも案内しました。マヘ島に続く2番目に大きな島、プララン島では、1983（昭和58）年にユネスコ世界遺産に登録された「ヴァレ・ド・メール自然保護区」内に群生する「ココ・デ・メール」（ふたご椰子）の原生林を散策します。鬱蒼と茂る森と巨大な黒い花崗岩の岩が海辺に点在し、エメラルド色ともサファイヤ色ともいわれる澄んだブルーの海と眩しいほどの真っ白な砂浜が続くラディーグ島、ヒチコック監督の映画「鳥」の舞台となったと言われるバード島は、5月~10月に数百万羽の海鳥が繁殖のためにやってきます。真っ白なアジサシや、黒アジサシが地面をびっしりと埋め尽くし、それはそれは壮観でした。それ以上に、写真家の三好和義さんが「地球上で一番空が青いのはバード島」というほど、突き抜けるように澄み切った青空が忘れられません。

1980年代の初め、スリランカのコロンボ経由でインド洋に浮かぶモルディブへの飛行機便が開設されることになり、日本の旅行会社の先陣を切ってモルディブ旅行を企画しました。そのころは、モルディブがどこにあるのかもほとんど知られていない時代でした。私は仕入れ手配担当部長として、モルディブに飛びました。マレ国際空港に到着するとアナウンスがあり、窓の下をみると、サンゴ礁の白い波に囲まれた小さな島々が輪を描くように並んで浮かんでいて息をのむような美しさでした。モルディブは「島々の花輪」との意味があるサンスクリッド語に由来すると言われています。マレの飛行場はその中の一つの島、フルレ島にありました。フルレ島にはこの飛行場しかありません。この島から首都のあるマレ島やリゾートのある島々へは、屋形船のような小型船や水上飛行機で移動します。

一つの島には一つのリゾートしかなく、空港から一番近い、当時としては一番大きなリゾートがヴィリンギリ島にあるヴィリンギリロッジでした。2階建てのロッジは固いベッドとハンガーラックがあるYMCAの宿舎のような部屋で、全室シャワーのみ。シャワーから出るのは一応真水でしたが、水しか出ないし、シャワー室とトイレはむき出しのコンクリート。お客はドイツ、北欧、オーストラリア人が中心で、ロッジの目の前に広がる真っ白な砂浜とエメラルド色に輝くサンゴ礁の海で一日中楽しんでいました。彼らはチャーター便でモルディブに来て10日~2週間滞在するのです。ヴィリンギリにも若い駐在員を置いて毎週、ダイビングやシュノーケリングなど海好きのお客さまを送っていました。

私も年3回は首都のあるマレ島に行き、現地旅行社のボス、恰幅の良い陽気なディディと打ち合わせをし、夕方、マレ島からヴィリンギリ島に戻ります。島と島の移動には屋形船のような小さな通船を使います。夜になると、真っ暗な海は通船の裸電球の灯りと月の光が頼りでした。暗く静かな海上に月明かりに照らされた航跡がとてもロマンチックで、急に「月の砂漠」の歌を思い出したのが今でも忘れられません。モルディブでのもう一つの思い出は、シュノーケリングです。スイス人のインストラクターに手を取られて、太陽の光がさし込む真っ青な海を4~5メートルくらいまで潜ると、銀色の肌をキラキラさせた大群の魚に囲まれ、自分もその魚の仲間になったようなそんな素晴らしい経験でした。

ケニアのサファリロッジも、セイシェルやモルディブも、当時の素朴なロッジからすっかり洗練された高級リゾートロッジへと様変わりしています。でも、大草原やサンゴ礁の海は変わらないと信じて、また一度行ってみたいと思います。

◇

1986年（昭和61）に添乗した「南米の謎」というタイトルの旅行も、忘れがたいものでした。広大な南米大陸に点在する古代遺跡や大自然を探訪するのがこの旅行でした。インカ帝国の歴史やアステカ文化、イースター島のモアイ像に関する本、「コンティキ号の漂流記」などをワクワクしながら読んでいたので、添乗を依頼された時は14日間という長い旅行でしたが、一も二もなく承諾しました。とにかく、最初の目的地ペルーのリマに到着するまで乗り継ぎ時間を入れて丸々24時間かかるのです。最初のリマでは、ぜひ訪れたいと思っていた日本人の天野芳太郎博士が私費で建てたアンデス文化に関する本格的な考古学博物館「天野博物館」を訪れました。数万点と言われるチャンカイ文化やインカ文化の収蔵品は非常に興味深く、当時の博物館はいかにも個人が手づくりで作ったという感じで、収集したたくさんの土器や織物が展示されていました。

次にマチュピチュ遺跡に行きました。リマからクスコまで飛行機で行き、そこから鉄道でマチュピチュ遺跡まで行くのです。かつてインカ帝国の首都だったクスコは標高3400メートルの高地にあります。出発前からクスコは標高が高いので高山病に注意し、ホテルに着いたらすぐに酸素ボンベを借りて仮眠し、高度順応するようにと指示されました。

マチュピチュの遺跡をバックに（右から3人目が筆者）

到着した日は出歩かず、ゆっくり休んでお客さまと一緒に夕食に臨みました。しかし、食事中に急に頭痛がして気分が悪くなり始めました。食事の終わりに請求書が来てサインを求められた時には、下を見ることもできないほどの割れるような頭痛に見舞われ、慌てて部屋に戻り倒れてしまいました。しかし、翌朝列車に乗って1000メートルも高度の低いマチュピチュ遺跡に着くと、前日の頭痛や吐き気はケロっと忘れて遺跡見物を楽しむことができました。

ナスカの地上絵を見物に行った時には、あの乾燥した広大な地に描かれた巨大な絵図の線が非常に神秘的に見えました。ガイドさんが、地上絵を研究し、保護しているドイツ人マリア・ライヒェ博士が近くに住んでいるので訪ねましょう——というのでご自宅を訪問しました。すでに80歳を超えていて腰も少し曲がっていた博士は、いかにもドイツ人学者らしい飾り気のない、ちょっと厳格な感じの方でしたが、ご自分で撮られた写真を見せて説明してくださいました。

また、イースター島も神秘的な魅力に満ちていました。どうして周囲から2000キロも離れた絶海の孤島の島にあの巨大な顔の石造が点々と転がっているのか、どうして赤い帽子をかぶった石造が海を背に並んでいるのかなどなど、神秘的なモアイ像についてはいろいろな本を読んで興味を膨らませていました。今でもイースター島に行くのは不便です

イースター島のモアイ像と一緒に

が、当時はサンチャゴからイースター島まで5～6時間かかりました。まだ観光客は非常に限られていて空港は簡素な掘っ立て小屋、バスもスクールバスのような古い車、ホテルは平屋のＹＭＣＡの宿舎のような建物でした。空港には場違いのような立派な滑走路が1本あり、聞くと米国ＮＡＳＡのスペースシャトル打ち上げ用の滑走路ということでした。島の観光には中古のアメリカ車しかなく、しかも全員が乗れる程の数もなく、何人かは馬に乗って観光をしました。私も馬で島を巡りましたが、ガイドは若い牧童のような青年で裸馬に乗って私たちを案内してくれました。舗装道路のない丘陵地の広々とした草原、雲一つない青空、強い日差し、風が吹くと緑の牧草がたなびき、その中を巨大な顔のモアイ像を見ながら、誰が、いつごろから作ったのか、そして彼らはどこに行ってしまったのかと考えながら、ポクポクと馬に乗っての観光はとても素晴らしいものでした。

島の北東部のアナケアビーチでお昼の休憩をしていた時でした。私たちの場所から数メートル先の椰子の木陰で休憩をしているグループがいました。ガイドが言うには、彼らは島で調査をしているトール・ヘイエルダール博士のグループだというのです。あの筏船「コンティキ号」を使ってペルーから南太平洋を101日間、約7000キロを旅した航海記、「コンティキ号漂流記」の作者です。かの有名な博士と同じ島にいるのかと思っただけでとても感激しました。

◇

南極については、1974（昭和49）年にニュー・オリエント・エキスプレスが日本で初めて観光客を送った――とすでに書きましたが、その後ヴィーヴルに移っても毎年南極旅行の販売をしており、その手配を担当していました。12月から翌年2月にかけて年1回か2回の催行でしたが、毎回1人300万円前後のツアーに10人から15人集まりました。今では1人100万円～200万円と手ごろになりましたが、当時のお客さまは北海道や四国など地方からの方も多く、「秘境や極地が好きな方と世界中を巡ったが、一生に一度、最後に南極に行きたい」という方々でした。お客さまや添乗員から、南極半島に到着するまでの苦労話や雄大な自然の素晴らしさなどを聞いていたので、一度は添乗員として行きたいと思っていました。

私が初めて南極に行ったのは1985（昭和60）年でした。船は「ワールド・ディスカバラー」という小型船でした。世界で最も荒れる海域と言われるドレーク海峡を、この船で渡るのです。ドレーク海峡を含む南緯60度付近は温帯低気圧の通り道となって、海はいつも荒れており、「絶叫する60度」（Shrieking Sixties）と呼ばれる悪名高い海峡です。日本からニューヨーク経由で27時間かけてやっとアルゼンチンのブエノスアイレスに到着。一泊してアルゼンチン最南端の港町ウシュアイアまで約4時間の飛行。ここから「ワールド・ディスカバラー」に乗船し、ビーグル水道を抜けて魔のドレーク海峡を航行し、南極半島に向かいます。乗船すると皆「何時から揺れが始まるのか」と緊張して酔い止め薬を飲んで床に就きました。

疲れていたせいか、それほどひどい揺れも感じず、翌朝早く目が覚め部屋のカーテンを開けると、眼前に朝日に照らされた真っ白い巨大な氷山がいくつも静かな海に浮かんでいるではありませんか。南極の写真でよく見た、あの美しい氷山が目の前にあるのです。息をのむほどの美しさに感激、感動したのを今でも忘れません。夕食時に船長が「昨晩は残念ながら皆さまが期待したほどの大揺れがなく期待外れになって申し訳ありません」とジョークを飛ばすほど大きな揺れもなく、乗客全員がホッとしたのでした。

いよいよ南極半島のパラダイス湾に停泊。快晴に恵まれ眼前には真っ白に雪をかぶった山々、音と言えば頬をかすめる風の音と、船の周りでパチパチとはじける氷の音くらい。

周りは静謐さに包まれ、期待以上の神々しささえ感じるほどの素晴らしさでした。南極と言えば可愛らしいペンギンを期待してくる方がほとんどです。30万羽とも40万羽ともいわれるペンギンが集まるコロニーでは、丁度卵をかえす時期で、メスのペンギンが卵を温めていて、オスのペンギンが食べ物を取りに海に飛び込んでいく。獲物の魚をくわえてオスが戻ってくると、互いに声をからして居場所を知らせ合い、それはそれはうるさいです。また、周りはフンや取りこぼした魚などが海水でドロドロに汚れており、とてもかわいいペンギンなどと言っている場合ではありませんでした。

今では中止されているデセプション島では、海水温泉につかったり、両岸に雪をかぶった岩山が迫る、南極半島で最も雄大かつ一番風光明媚と言われる狭いル・メール海峡を氷塊をかき分けながら進んでいくなど、素晴らしい体験をしました。南極には2度添乗で出かけました。今では探検船はもちろんですが、バルコニー付きの豪華施設が整った客船が何隻も南極半島やシェットランド諸島に行きます。南極も、もはや極地探検旅行ではなく普通のクルーズ旅行になってきているのではないかと感じています。

# 解説

単行本や文庫本の巻末に収録されるこうした「解説」には、ともすると本書の内容をかいつまんで紹介したり、行間の意味を物知り顔で書いていることが少なくない。ただ、本書の解説では、そうしたことは一切したくない。私の見方を読者諸兄に押し付けるつもりもないし、多くの方々は木島さんの「今と昔」について、それなりにご存じと思うので、あらすじのようなことは、あえて書かないことをご了解いただきたい。

◇

かれこれ25年ほど前の話になる。その当時、すでに若手記者ではなかったが、「日本海事新聞」の駆け出しクルーズ担当記者として、木島榮子さんと初めて出会ったときの印象は、今も鮮明に覚えている。業界のこともろくに知らず取材にやって来た記者に対して、いやな顔ひとつせず、少々ピント外れの質問にも懇切丁寧に答えてくださった。素性もよく知らない業界紙の記者に対して実に真剣に対応してくれる姿勢は、今でもさまざまなメディアに登場することが少なくないことから考えると、昔とまったく変わっていないようだ。

木島さんが在籍していた当時のクルーズバケーションの事務所は、ジェットツアーという旅行会社のビルの一角にあり、木島さんはじめ数人が地道に、こつこつとクルーズの旅を旅行会社や一般顧客に販売していた時代。クルーズといえば「豪華客船」とか「世界一周」という言葉が独り歩きし、「クイーンエリザベスⅡ」は別格としても、「飛鳥」や「にっぽん丸」といった邦船に注目が集まっていた頃だった。

にもかかわらず、外国船社のクルーズの話になると、木島さんは目を輝かせて海外で体験できる船旅の楽しさや魅力を熱っぽく語ってくれた。まだ乗船経験がなかった記者には「異次元の旅」という印象は拭えなかったが、何となく「楽しそうな旅だろうなあ」と漠然と思わせてくれた。おそらく、そうした木島さんの熱い思い、業界発展のために何か役立つことはできないかという気持ちと行動が、ライバルの同業他船社や、クルーズ船の誘致活動の一環としてやって来る港湾関係者にも自然に伝わり、長年にわたって「木島ファン」を増やしてきた要因だと、私は勝手に解釈させてもらっている。

◇

本書は、私が日本海事新聞社に勤務していたときの、最後の大きな連載記事がベースとなっている。定年（60歳）を半年ほど先に控え、「何か記憶に残ることはできないか」「記者としてこれまでの自分を支え育ててくれた業界に、恩返しができることはないか」と考え抜いた結果、ようやくたどり着いたのが、木島さんの「回顧録」ともいうべき連載だった。

10カ月ほどの連載を始めるにあたり、関連する打ち合わせの数は両手の指では足りないほど。にもかかわらず、木島さんは毎回きちんと準備してその場に臨み、書きかけの原稿や自宅のアルバムから探し出してきた写真、雑誌の切り抜きなどの資料を持参し、私の理解を手助けしてくれた。

「日本海事新聞」の紙上で実際に連載が始まってから、わずか数週間で私は定年退職を迎えたが、その後も連載用の原稿には毎回目を通させていただいた。新聞に掲載される前の原稿を読むことができる「最初の読者」となった幸せは、今思い返すと何物にも代えがたい経験だったのではないか、と感じる。

◇

さて、記者時代の私と木島さんとの思い出は枚挙にいとまがないが、ひとつだけ、この場を借りて披露させていただきたい。

プリンセスクルーズの記者会見後の懇親会の席で、木島さんを囲んで大いに盛り上がったことがあった。私はまだ40歳代前半で、クルーズ業界の担当記者として少しずつだが船社関係者にも知られるようになっていた頃。懇親会で仲間の記者と話が弾み始めた時、あるベテラン記者がこう言った。

「木島さんは花の独身ですが、あちらこちらに息子や娘が大勢います。われわれのように、木島さんに育て鍛えてもらった記者たちも、その出来はともかく、息子や娘たちです。記者だけの飲み会の席では、木島さんのことを『クルーズ業界の母』と呼ぶことがあります。まあ、中には随分と若いころに産んだ？ 息子も交じっているようですが（笑）。業界の父は誰か——はさておき、木島さんほど多くの人たちに慕われ、尊敬されている業界人を私は知りません。余人をもって代えがたい人、それが木島さんです」

クルーズ業界の人脈も広がり、さまざまな関係者に取材する機会にも恵まれるようになった当時の私は、このベテラン記者の言葉に共感するとともに、少々やんちゃな木島さんの「息子」であることを自認するようになっていたことを、今懐かしく思い出す。

◇

ところで、木島さんは日本全国の港湾関係者にも実に評判がよく、しかも頼りになる重鎮として知られている。地方公務員の彼らは、「ポートセールス」と称して在京クルーズ船社のオフィスを訪れ、自港の特長や近隣観光の魅力などをアピールする。その中で、外国船社部門では木島さんの人気は抜群だ。プリンセスクルーズ、キュナード、リージェントセブンシーズといった日本寄港の常連船社を扱っていたから当然と言えばそうなのだが、長い業界経験と人間的な魅力が外国船社本社の人脈を厚くしているだけに、「ぜひ、わが港にも寄港を」と、木島さんを頼って来る関係者は引きも切らなかった。

最近では、「ダイヤモンドプリンセス」の日本発着クルーズを一手に扱っているカーニバル・ジャパンを離れて少しは落ち着いたというが、日本のクルーズ業界の草創期から現在までを知っている数少ない「超ベテラン」として、いまもオフィスを訪ねてくる港湾関係者は少なくない。また、日本国内だけでなく世界各地で開かれるクルーズ関係のセミナーやシンポジウムの基調講演、パネルディスカッションに参加してきた数も、おそらく日本一ではないだろうか。これは単に業界経験が長いとか、外国船社にさまざまな影響力を持っているというだけでなく、人としての魅力が勝って「ぜひ、木島さんにお願いしたい」となるのだと、私は勝手に分析している。

◇

新型コロナウイルス（COVID-19）が世界的に感染者を増やし、間もなく1年になろうとしている。国内外のクルーズ業界や関係者が被った影響は計り知れないほど大きい。木島さんが経営するクルーズバケーションもここ半年余り、決してラクな経営環境ではなかったはずだ。にもかかわらず、港湾関係者や同業他船社らの多種多様な相談に乗り、メディアなどに意見を求められれば真摯に答える。新型コロナによる逆風が吹き荒れたクルーズや旅行業界の影響を真正面から受けたここ数カ月は、木島さんが社会人になって以降、最悪の状況だったかもしれない。

しかし、厳しい環境下にあっても定期的に電子メールのやり取りをし、意見交換を兼ねたランチミーティングなどにもお誘いいただいた。一時は在宅勤務が続いてメールのやり取りばかりの時期もあったが、テニスで鍛えたスポーツ・ウーマンの木島さんは、事務所での勤務が再開すると普段と全く変わらない「業界の花」だった。

ようやく少しずつだが営業運航再開にこぎつけた国内外のクルーズ船社。彼らを待ち受ける旅行市場は、「3密」の典型ともいわれるクルーズの旅を、これからどう評価し、販売していくのか。その答えは1年か2年先には分かるだろう。木島さん、少なくともその時までは「業界の母」として、いつもと変わらずお元気で、日本のクルーズ業界を俯瞰していただきたい。間違っても「出版を機に引退」なんていう言葉は、まだまだ早すぎますよ！

みなと総合研究財団
首席研究員 兼 クルーズ総合研究所副所長
沖田　一弘

本書は、日本海事新聞連載「私とクルーズ」全33回（２０１９年4月～２０１９年12月）を加筆、修正したものです。また、書籍化にあたり、書き下ろしエッセイ２本を追加収録しました。

【著者紹介】

**木島 榮子**（きじま えいこ）

1941 年 東京生まれ。
1964 年 慶應義塾大学文学部英文科卒業。
1965 年 海外旅行専門会社ニュー・オリエント・エキスプレス入社。
1978 年 ヴィーヴル入社。
1992 年 クルーズバケーション入社，翌年代表取締役就任。
2012 年～ 2015 年 カーニバル・ジャパン代表取締役に就任し，
プリンセス・クルーズの日本発着クルーズに貢献。
2016 年 クルーズバケーションを再開し現在に至る。

ISBN978-4-303-63424-7

**私とクルーズ** —半世紀を振り返って—

2021 年 1 月 30 日　初版発行

著　者　木島榮子
検印省略
発行者　岡田雄希
発行所　海文堂出版株式会社
本社　東京都文京区水道 2-5-4（〒 112-0005）
電話 03（3815）3291㈹　FAX 03（3815）3953
http://www.kaibundo.jp/
支社　神戸市中央区元町通 3-5-10（〒 650-0022）
日本書籍出版協会会員・工学書協会会員・自然科学書協会会員

PRINTED IN JAPAN　印刷　東光整版印刷／製本　誠製本

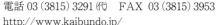